Frankfurter Anthologie

Fünfundzwanzigster Band
Gedichte und Interpretationen
Herausgegeben
von Marcel Reich-Ranicki
Insel Verlag

Quellenhinweise am Schluß des Bandes
Satz und Druck: Memminger MedienCentrum AG
Printed in Germany
Erste Auflage 2002

1 2 3 4 5 6 – 07 06 05 04 03 02

In memoriam
Karl Mickel

INHALT

WOLFRAM VON ESCHENBACH
DEN MORGENBLIC BÎ WAHTÆRS SANGE ERKÔS

I Den morgenblic bî wahtærs sange erkôs
ein vrouwe dâ si tougen
an ir werden vriundes arme lac.

dâ von si der vröiden vil verlôs.
des muosen liehtiu ougen
aver nazzen. si sprach: ›ôwê tac!

wilde und zam daz vröit sich dîn
und siht dich gerne – wan ich eine. wie sol ez mir
ergên!
nu enmac niht langer hie bî mir bestên
mîn vriunt: den jaget von mir dîn schîn.‹

II Der tac mit kraft al durch diu venster dranc.
vil slôze sie besluzzen.
dazu half niht: des wart in sorge kunt.

diu vriundîn den vriunt vast an sich twanc.
ir ougen diu beguzzen
ir beider wangel. sus sprach zim ir munt:

›zwei herze und einen lîp hân wir.
gar ungescheiden unser triuwe mit einander vert.
der grôzen liebe der bin ich gar verhert
wan sô do kumest und ich zuo dir.‹

III Der trûric man nam urloup balde alsus:
ir liehten vel diu slehten
kômen nâher. sus der tac erschein.

weindiu ougen – süezer vrouwen kus!
sus kunden sie dô vlehten
ir munde, ir brüste, ir arm, ir blankiu bein.

swelch schiltær entwurfe daz,
gesellecliche als sie lâgen – des wære ouch dem genouc.
ir beider liebe doch vil sorgen truoc,
sie pflâgen minne ân allen haz.

PETER WAPNEWSKI
ABSCHIED IM MORGENGRAUEN

Wolfram: Er gilt uns neben dem Tristan-Dichter Gottfried von Straßburg als der Größte unter den Epikern der höfischen Zeit des Mittelalters (um 1200). Sein Name steht für seinen Helden Parzival. Zeitgenossen und Nachwelt preisen den Mann aus dem fränkischen Eschenbach seiner Eigenwilligkeit halber: der Kühnheit des Gedanklichen, der pittoresken Kunstfertigkeit der Form, der Unkonventionalität seiner Phantasie wegen: vindaere wilder maere, so tadelt ihn der Kollege und Rivale Gottfried: »Erfinder unerhörter (und auch ungehöriger) Geschichten.« Ein urwüchsiger Erzähler ganz und gar – und scheinbar den poetischen Gebilden der reinen Lyrik fern. Doch nur scheinbar, denn es sind unter seinem Namen immerhin sieben als »echt« geltende Lieder überliefert. Vier von ihnen sind der Gattung »Tagelied« gewidmet, und in ihnen und durch sie bestätigt sich Wolframs ungebärdige Kraft der emotionalen Aussage und der Heftigkeit subjektiv-persönlichen Anteilnahme – die der Kunst des Mittelalters fremd ist. Denn in ihr singt nicht das kreative Individuum, sondern lediglich eine der vielen Stimmen im großen Chor der Gott dankenden Schöpfung. Seine Herrlichkeit gilt es zu singen – nicht das eigene Selbst.

Das Tagelied ist eine uralte Gattung der Weltliteratur, international verbreitet. Das Thema: Die Liebe in der Not der Trennung. Die Situation: Der Abschied im Morgengrauen. Die Gestimmtheit: Schmerz, Trauer, Einsamkeit –

und die Reizwirkung der Gefahr. Das Personal: Die Frau, der Mann – und (seit Wolfram): der warnende Wächter.
Das Lied Den morgenblic ist überliefert in der Münchener Parzival-Handschrift (G), Mitte des 13. Jahrhunderts (und nicht leicht lesbar). Drei Strophen, gebaut nach dem altüberlieferten Muster der dreigeteilten Kanzone. Der Text gehört der Frau. Die ersten drei Verse liefern die Situation in gedrängter Knappheit: Erwachen des Morgens; Warnruf des Wächters; das liebende Paar, heimlich (tougen) aneinandergeschmiegt. Die Geliebte klagt ihn nun weinend an, den Tag, dessen alle Welt sich freut – ihr aber nimmt er alles Glück. Denn er jagt den Geliebten fort von ihr.
Strophe II: Der Tag dringt unaufhaltsam ein – da hilft kein Schloß, auch das schutzsuchende Einander-in-die-Arme-Schließen nicht. Die Tränen der Frau sind es, die über beider wangel fließen. Und sie proklamiert die biblische Formel von dem »einen Fleisch« der beiden Liebenden: Zwei herze und einen lîp hân wir. So daß alles Liebesglück gänzlich zerstört ist (gar verhert), wo er nicht zu ihr, sie nicht zu ihm kommt.
Strophe III steigert, so will es die Tagelied-Dramaturgie, die Liebes-Intensität in der Not des Abschieds (urloup). Ihre hellen glatten Körper (ir liehten vel diu slehten) kommen zueinander, das weinende Auge macht süßer noch den Kuß, sie verflechten innig Mund und Brüste und Arme und schimmernde Glieder ineinander: Ein Bild der Einheit (geselleclîche als sie lâgen), wie kein Maler-Bildhauer (schiltær) es geschlossener würde »schildern« können. In den beiden letzten Versen dann die Summe: »Obwohl (und weil) ihre Liebe doch die Last der Sorge trug,/ Gaben sie sich ihr vollkommen hin« (ân allen haz).
Wahrlich wilt ist dieses maere, von bestürzender Kraft der

»Schilderung« des sinnlichen Begehrens und Erfüllens: Das Tagelied als durch Tradition sanktionierte Gattung erlaubt es dem Dichter, innerhalb der lyrischen Entsagungswelt des artistisch-artifiziellen Minnesangs der herrischen Gewalt des Triebes, der nackten Leidenschaft, die Stimme zu geben. Wolframs Tagelieder, durchaus gegründet in der Welt des Mittelalters und ihren Kulissen, transzendieren diese Welt und fügen sich ein in die Stimmen der Völker in Liedern – zu aller Zeit.

Tagelied: Abschied im Morgengrauen. Der Mann geht, er ist das Tagwesen. Die Frau bleibt, sie gehört der Nacht. Romeo muß hinaus ins feindliche Leben, muß sich stellen, avancieren, den Comment wahren, die Karriere bedenken. Julia bleibt. Und es bleibt die wilde Schwermut, wie sie uns ergreift bei der Erinnerung an Augenblicke des Glücks.

FRIEDRICH GOTTLIEB KLOPSTOCK
MEIN WÄLDCHEN

An den Grafen und die Gräfin Holck

— ◡ ◡ — ◡ — ◡ — ◡ — ◡
— ◡ — ◡ ◡ — ◡ — ◡ — ◡
— ◡ — ◡ — ◡ ◡ — ◡ — ◡
— ◡ ◡ — ◡

Eure Beschattung kühlt schon lang, des lieben
Wäldchens Eichen, ich habe nicht die Wurzel
Dieser hohen Wipfel gesenkt, ihr wuchset
Früher als ich, seid

Jünglinge gleichwohl noch, erhebet höher
Einst die Häupter, und streckt, wenn sich der Tag neigt,
Längre Schatten, Grünet denn, überlebt; ich
Neid' euch nicht, Eichen!

Will mit Gespielen euch, mit Tränenweiden,
Rings umpflanzen, daß einst, wenn nun die Sonne
Sinkt, in eurer Kühle, durchhaucht von Abend-
Lüften, ihr Laub sich

Leise bewege, dann der Liebling sage
Zu dem Mädchen: »Sie weint ja nicht, sie säuselt,
Lallt Musik; wie fabelte von der schönen
Weide der Vorfahr!«

Wenn von dem Sturm nicht mehr die Eich' hier rauschet,
Keine Lispel mehr wehn von dieser Weide:
Dann sind Lieder noch, die vom Herzen kamen,
Gingen zu Herzen.

HEINRICH DETERING
WOODSTOCK DER EMPFINDSAMKEIT

Am Anfang steht die Musik. Für Klopstocks erste Ausgabe seiner Gedichte gilt das ganz buchstäblich. Dem Text vorangestellt ist da ein metrisches Schema, das die Betonungsregeln für die frei mit der sapphischen Ode spielenden Strophen vorgibt. Bögen und Striche zeigen Hebungen und Senkungen an, einen von keiner Bedeutung belasteten reinen Rhythmus. Daß die gemessenen Odenverse am Strophenende jedesmal effektvoll melancholisch abfallen werden und verhauchen: das weiß man also schon, bevor man das erste Wort gelesen hat. Klopstocks längst nach Tausenden zählende Fan-Gemeinde wippt gewissermaßen längst mit den Fußspitzen im Rhythmus, wenn der Sänger ans Mikrophon tritt und die erste Strophe singt. Erst kommt die Musik, dann kommt der Text. Wovon aber handelt dieser Text? Wieder vor allem von Klängen: vom Hauch im Laub und vom Sturm in den Wipfeln. Da fabelt der Vorfahr, da säuselt Musik, da weint die Weide.

Klopstock ist Kult. Als er diese Verse schreibt, sind seit seinen ersten Oden über dreißig, seit der ersten Sammlung in Buchform sieben Jahre vergangen; und nicht lange zuvor hat ein junges Genie aus Frankfurt in einem skandalösen Roman, der in aller Munde ist, den Namen »Klopstock« zum Losungswort der Liebenden erhoben. Hier nun wird, in der Schlußstrophe, dieser Einfall wieder aufgegriffen: Klopstock, das ist »unser Lied«. Wer aber so umjubelt wird, muß regelmäßig auf Tournee gehen. Und

Klopstock läßt sich nicht lange bitten. Seine Auftritte haben tatsächlich alles, was zum Kultstar gehört: die Aura des einsamen Artisten, der wie ein Auserwählter auftritt, und eine eingeschworene Gemeinde, die zu seinen Ehren Wunderkerzen schwenkt. Klopstock, hat ein Zeitgenosse gespottet, sei wieder unterwegs, um Weihrauch einzusammeln.

Diese Szene des Auftritts ist diesmal Gut Eckhof bei Kiel, in Sichtweite der Ostsee. Dort habe, erläutert Klopstock später selbst, Graf Holck ihn »zum Herrn eines Wäldchens gemacht, das von ungefähr aus sechzig Eichen bestand. Einen kleinen Hügel, welcher darin lag, behielt er sich vor. In dem ersten war er mein Vasall; auf dem letzten war ich der seinige. Auf meinem Grunde und Boden (hatte er mich merken lassen) sollte einst ein Denkmal von mir stehn.« Das geschieht im Jahr 1778, lange bevor in Paris die Aristokraten an die Laternen gehängt werden und Klopstock Oden auf die Revolution schreibt. Hier, auf der ländlichen Waldbühne, gehen die Verteilung von Ehre und Landbesitz zwischen Bürger und Grafen noch friedlich vonstatten. Ihr Medium ist das gemeinsame Erlebnis von Liebe, Freundschaft und Musik; Klopstocks Wäldchen ist ein kleines Woodstock der Empfindsamkeit.

So mächtig ist die Aura des Sängers, daß ein kurzer Wink in die Szene genügt, und alles folgt seinem Befehl. Wer vor ihm hätte die Eichen so lässig anweisen können: »Grünet denn«, als kämen sie nicht von selbst darauf? (Erst nach ihm wird Goethe das überbieten, wenn er dem aufgehenden Vollmond ein aufmunterndes »So hinan denn!« zunickt.) Auch dieses Gespräch über Bäume nun ist, wie es scheint, wieder nur ein Anlaß zur Selbstfeier des Poeten. Oder sollte es doch die Poesie selbst sein, die hier triumphiert, die Sprachmusik, in deren Dienst der Sänger steht?

Beim Wiederlesen hält auch diese Klopstocksche Ode dem Spott stand, der schon zu seinen Lebzeiten einsetzte. Noch immer ist hinter ihrem leicht komischen Pathos etwas vom alten Zauber zu spüren. Dazu gehört das souveräne Spiel mit Wiedererkennungseffekten. »Hütten der Freundschaft« in der Natur hatten schon in Klopstocks frühen Oden sein Publikum entzückt, und mondbeschienene Grabsteine hatten dagegen melancholisch und effektvoll die Vergänglichkeit beschworen. Hier nun, im holsteinischen Wäldchen, wird beides in Erinnerung gebracht – und überboten. Das selige Gefühl, in dem jetzt die Gegensätze der Klassen und Zeiten verschwinden, braucht weder das Sterben der Menschen zu fürchten noch das der Bäume. Jawohl, der heilige Hain, in dem man heute noch Brüderschaft feiert, wird schon bald vergangen sein, mitsamt Eichen und Trauerweiden, mitsamt den Grafen und dem Dichter selbst. Das Wäldchen wird verdorrt sein, die Utopie dahin, und der Vorfahr, der damals so betörend gesäuselt hat, schon namenlos. Was bleibet aber, ist der Klangzauber: die Musik, die von Herz zu Herzen geht. Sie kann es, wenn man richtig hinhört, noch heute. Und das erst ist das Ende vom Lied. Stehende Ovationen.

GOTTHOLD EPHRAIM LESSING
LIED AUS DEM SPANISCHEN

Gestern liebt ich,
Heute leid ich,
Morgen sterb ich:
Dennoch denk ich
Heut und morgen
Gern an gestern.

PETER VON MATT
DAS »DENNOCH« DER ERINNERUNG

Kierkegaard hat das Gedicht als Motto über ein Kapitel von »Entweder/Oder« gesetzt. Ohne Angabe des Verfassers. So bekannt waren die sechs Zeilen damals noch, daß es sich erübrigte, den Dichter zu nennen. Dem ist heute nicht mehr so. Das kleine Meisterwerk ist aus dem allgemeinen literarischen Bewußtsein verschwunden. Der Grund liegt nahe: Es ist ja bloß eine Übersetzung. Kein Original und also kein richtiges Kunstwerk.
Aber hier beginnt auch schon das Rätsel. Denn alle Bemühungen, eine spanische Vorlage zu finden, sind fehlgeschlagen. Ich habe die erprobtesten Hispanisten darauf angesetzt, ohne Ergebnis. Nichts irgendwie Ähnliches ist auszumachen in der spanischen Überlieferung. Das erlaubt die Vermutung, der Untertitel sei eine Maßnahme Lessings, um das direkte Bekenntnis zu verhüllen. Die Not und die Tapferkeit der sechs Zeilen durften nicht als privates Zeugnis erkennbar sein. Der Schrei sollte als philologische Fingerübung erscheinen. Im Erstdruck steht als Titel nur »Lied«, darunter in kleinerer Schrift: »Aus dem Spanischen«. Dieser Erstdruck ist der »Musen-Almanach für das Jahr 1780. Herausgegeben von Voß und Goekingk«, erschienen in Hamburg Ende 1779. Im Jahr des »Nathan«. Es finden sich noch zehn andere Epigramme Lessings in dem kaum daumenhohen Bändchen; sie sind alle datiert. Nur zu diesem Stück fehlt jeder zeitliche Hinweis.
Ein Jahr zuvor war Lessings Frau gestorben, an der Ge-

burt eines Sohnes, der selbst keine vierundzwanzig Stunden lebte. Die Katastrophe vernichtete eine Ehe, die nur dreizehn Monate hatte dauern dürfen, und stürzte Lessing in die tiefste Verzweiflung seines Lebens. Es zeugen davon ein paar Briefe von entsetzlichem Understatement: »Ich wollte es auch einmal so gut haben wie andere Menschen! Aber es ist mir schlecht bekommen.«

Erholt hat sich Lessing von dem Schlage nie mehr. Drei Jahre später starb er der geliebten Frau und dem »kleinen Ruschelkopf« nach. Aber in diesen drei Jahren hat er noch einmal die deutsche Literatur und die Geschichte des freien Denkens in Deutschland verändert. Wenige Wochen nach der Katastrophe begann die grandiose Polemik gegen den Pastor Goeze und damit der öffentliche Streit um den modernen Begriff der Wahrheit. Wahrheit kann nie Besitz sein und nie befohlen werden. Wahrheit gibt es nur im Akt der Wahrheitssuche und im freien Dialog. Schon im Juli desselben Jahres verbot der Herzog seinem Bibliothekar alle weiteren Streitschriften – um der befohlenen Wahrheit willen. Da schrieb Lessing den »Nathan«. Er wurde zum herrlichsten Streich, der der Zensur in Deutschland je gespielt wurde.

Das »Lied« ist ein Manifest. Winzig wie ein Diamant, fängt es das Licht der Epoche auf. Zwar wohnt ein dunkles Understatement auch in ihm. Aber entscheidend ist das Bekenntnis zur dauerhaften Person. Viermal fällt das Wort »ich«. Es verbindet sich mit allem, was die Götter den Menschen geben, Glück und Leiden und Vernichtung. Und es verbindet sich mit dem Wort »dennoch«. Dieses »Dennoch« ist der gelassene Trotz der vernünftigen Person aller Vergänglichkeit und Zerstörung gegenüber. »Dennoch denk ich« – man kann das auch isoliert lesen.

Dann wird das Denken, der höchste Akt des vernünftigen Menschen, zum Zeichen seiner Unanfechtbarkeit. Und weil es ein Denken an die Liebe ist, fügt sich zum Intellekt das Gefühl. Der Einklang beider macht den ganzen Menschen. Er aber ist das kühne Traumbild der Epoche. So bricht sich ihr Licht in den sechs Zeilen.

Schon die Romantiker konnten nicht mehr so reden. Ihnen verwehte das Ich in der ziehenden Zeit. Gewiß, da war einmal etwas gewesen, aber nun war es fremd geworden, ein gespensterhaftes Anderes. »Und jener Mensch, der ich gewesen und den ich längst / Mit einem andern Ich vertauschte, wo ist er nun?« August von Platen klagt so. Und der junge Hofmannsthal meinte, sein vergangenes Ich sei ihm »wie ein Hund unheimlich stumm und fremd«. Lessing hingegen versichert sich in Not und Schmerzen seiner selbst durch das »Dennoch« der Erinnerung. Sie erhebt ihn über die Vergänglichkeit, weil sie in der Vernunft gründet. Diese ist dauerhaft wie die menschliche Natur. Sie kann von der Zeit nicht angefressen werden. Das ist deutsche Aufklärung im verehrungswürdigsten Sinn.

JOHANN WOLFGANG GOETHE
BEHANDELT DIE FRAUEN MIT NACHSICHT!

Behandelt die Frauen mit Nachsicht!
Aus krummer Rippe ward sie erschaffen,
Gott konnte sie nicht ganz grade machen.
Willst du sie biegen, sie bricht.
Läßt du sie ruhig, sie wird noch krümmer,
Du guter Adam, was ist denn schlimmer? –
Behandelt die Frauen mit Nachsicht:
Es ist nicht gut, daß euch eine Rippe bricht.

NORBERT MECKLENBURG
PROPHETENSPRUCH ALS MÄNNERWITZ

Die biblische Schöpfungsgeschichte ist bekanntlich eine etwas ungeschickte Bastelei aus verschiedenen altorientalischen Mythen. Die Erschaffung der Menschen wird dabei zweimal erzählt. Nach der ersten Version schuf Gott Mann und Frau gleichzeitig, nach der zweiten die Frau später aus »Des Menschen Rippe«. Das ist nicht herabsetzend gemeint, im Gegenteil, es verbildlicht die Gleichheit der Geschlechter. Erst später hat man das zu einer Rangfolge umgedeutet. So der Apostel Paulus. So der Prophet Mohammed. So noch heutige muslimische Spruchweisheit, wie etwa der bekannte somalische Autor Nuruddin Farah in seinem Romantitel »Aus einer gekrümmten Rippe« zitiert.

In der Sunna, der Sammlung mündlicher Äußerungen Mohammeds, heißt es: »Behandelt die Frauen mit Nachsicht; denn das Weib ward erschaffen aus einer krummen Rippe, und die beste von ihnen trägt die Spuren der krummen Rippe. Wenn du sie gerade machen willst, so brichst du sie, und wenn du sie ruhig läßt, so hört sie nicht auf, krumm zu sein. Behandelt mit Nachsicht die Frauen.« Diese Männerweisheit beruht auf einer mehr oder weniger witzigen Allegorisierung der Rippengeschichte: Die Frau hat von Natur einen krummen Charakter. Der Mann soll sie also weder totschlagen (so sehr biegen, daß sie bricht) noch ungeschlagen lassen (dann wird sie womöglich noch krummer). Die gesunde Mitte ist das Richtige. Ein Prophetenspruch als Männerwitz.

Diesen Ausspruch fand Goethe in den »Fundgruben des Orients« des Hafis-Übersetzers Josef von Hammer und machte daraus einen Reimspruch für seinen »West-östlichen Divan«. Eine fast wörtliche Übernahme mit kleinen, jedoch bezeichnenden Änderungen – ein häufiges Verfahren im »Divan«. Was ergibt die Verwandlung des Propheten- in einen Poetenspruch? Die Knittelverse überlagern den geistreich-herablassenden Ton des Sunna-Wortes mit einem derb-humoristischen Ton, hinter dem sich die kritische Stimme des Sunna-Lesers Goethe versteckt. Der hinzugefügte Schlußsatz ist ein gezielt entlarvender Zynismus: Das Totprügeln einer Frau – so schlimm wie eine Rippenverletzung.
Die kritische Distanzierung zeigt sich vor allem in der Auswechslung des dritten Satzes, der besagt, daß noch die beste Frau ihre schlechte Natur nicht verleugnen könne. Bei Goethe heißt es statt dessen: »Gott konnte sie nicht ganz grade machen.« Das ist – bis hin zu dem sehr unvollkommenen Reim erschaffen / machen – ein komischer Anklang an den archaischen Ton des Genesis-Erzählers, der Gott ja als einen etwas zerstreuten Handwerker darstellt. Die Unvollkommenheit der Frau ist damit auf die Unvollkommenheit Gottes zurückgeführt. Blasphemie? Oder nur ironisches Plädoyer dafür, diesen Prophetenspruch, der für Nachsicht mit den Frauen plädiert, ebenfalls mit Nachsicht zu behandeln?
Goethe betreibt mit seinem »Divan«-Spruch eine dichterische Untergrabung der Autorität eines religiösen Textes. Daß dieser dem Islam zugehört, erlaubt indessen nicht, hier eine Kritik an frauenfeindlichen Tendenzen nur im Islam zu konstatieren. Solchen Tendenzen ist die Rippengeschichte in allen drei monotheistischen Religionen dienst-

bar gemacht worden. Ihnen und ihren Propheten gegenüber nahm sich der Poet Goethe die Freiheit für seine eigenen Spiele. Doch auch wo diese scherzhaft daherkommen, sollte man sich nicht täuschen: Es kann sich, wie oft im »Divan«, um sehr ernsthafte Scherze handeln.

JOHANN WOLFGANG GOETHE
AUF DEM SEE

Und frische Nahrung, neues Blut
Saug' ich aus freier Welt;
Wie ist Natur so hold und gut,
Die mich am Busen hält!
Die Welle wieget unsern Kahn
Im Rudertakt hinauf,
Und Berge, wolkig himmelan,
Begegnen unserm Lauf.

Aug', mein Aug', was sinkst du nieder?
Goldne Träume, kommt ihr wieder?
Weg, du Traum, so gold du bist:
Hier auch Lieb' und Leben ist.

Auf der Welle blinken
Tausend schwebende Sterne,
Weiche Nebel trinken
Rings die türmende Ferne;
Morgenwind umflügelt
Die beschattete Bucht,
Und im See bespiegelt
Sich die reifende Frucht.

HENNING HESKE
IM SEE BESPIEGELT SICH DIE REIFENDE FRUCHT

Beim ersten Lesen erscheint dieses dreistrophige, gereimte Gedicht als ein Erlebnisgedicht anläßlich einer Kahnpartie. Die Natur wird poetisch beschrieben, der Rhythmus wechselt wie der Wellengang auf einem See. Der Eintrag der ersten Fassung in Goethes Tagebuch der Reise in die Schweiz verrät präzise Zeit und Ort der Entstehung: 15. Juni 1775 auf dem Züricher See. Also ein reines Landschaftsgedicht?

Das Schlußbild des Gedichts birgt die Antwort. Das Bild der »reifende(n) Frucht« ist ein Sinnbild. Umschlossen von der Schale der Naturlyrik findet sich als Kern die Darstellung eines persönlichen Reifungsprozesses. Während in der ersten Strophe das lyrische Ich noch am Busen der Mutter Natur saugt, erkennt sich am Ende der dritten Strophe eine reflektierende Persönlichkeit. Es scheint, daß jenes »und« der vorletzten Zeile der Wendepunkt ist, an dem die Betrachtung der äußeren Landschaft zu der Selbsterkenntnis führt, daß sich im See die innere Landschaft der Seele widerspiegelt.

Als Student bin ich das erste Mal auf dieses Gedicht gestoßen. Die letzte Strophe kommt mir seitdem immer wieder in den Sinn. Vermutlich weil ich mich damals und in späteren Lebenssituationen darin selbst erkannte. Laut gesprochen, klingen mir diese Verse wie ein Zauberspruch, der den Nebel aufreißen läßt. Mit einemmal ist endlich klar, wie man sich entscheiden muß.

Form und Inhalt korrespondieren in diesem Gedicht in besonderer Weise. Die Gliederung in Strophen beinhaltet gleichzeitig einen Wechsel der Perspektive und einen Wechsel des Versmaßes. Jamben tragen die Kahnpartie der ersten Strophe, Trochäen verleihen der zweiten Strophe einen bedrängenden Charakter, und Daktylen unterstützen das Befreiende der dritten Strophe.

Jene zweite Strophe liefert den Schlüssel zum biographischen Hintergrund. Die Zeile »Aug', mein Aug', was sinkst du nieder?« nimmt Bezug auf Goethes erstes Lili-Gedicht »Neue Liebe, neues Leben«, das mit dem Vers »Herz, mein Herz, was soll das geben?« beginnt. Erinnerungen an eine Liebe kommen auf, mit der das lyrische Ich immer noch ringt. Schließlich werden die verlockenden Träume verscheucht: »Weg, du Traum, so gold du bist«.

Im Winter 1774/1775 hatte der fünfundzwanzigjährige Goethe in Frankfurt am Main die sechzehnjährige Bankierstochter Anna Elisabeth Schönemann, kurz »Lili« genannt, kennen- und liebengelernt. Im April kam es zur Verlobung. Doch die Aussicht, mit einer Heirat in die engen und festen Bahnen einer bürgerlichen Gesellschaft zu geraten, machte Goethe schwer zu schaffen. Er sehnte sich nach »freier Welt«. In dieser seelischen Krise nahm er am 14. Mai eine Einladung der Brüder Stolberg an, sie auf einer Reise in die Schweiz zu begleiten. Dabei wollte er prüfen, ob er Lili entbehren könne. Immer wieder erscheint Goethe auf dieser Reise – wie hier auf dem Züricher See – Lilis Bild vor Augen. Zwar klingt das sich selbst beschwichtigende »Hier auch Lieb' und Leben ist« am Ende der zweiten Strophe noch unentschlossen, doch nimmt der Reifungsprozeß in der dritten Strophe konkrete Formen an. Dieser Vorgang des Reifens reicht über das Gedicht-

ende hinaus. Die Frucht zeigt das Leben als Prozeß, sie umschließt Vergangenheit und Gegenwart und birgt eine Zukunft, die im Kern bereits angelegt ist.
Unausgesprochen hat sich Goethe am Ende des Gedichts bereits entschieden. Er hat die Traumbilder, die ein glückliches Leben mit Lili verhießen, zurückgedrängt. Goethe »bespiegelt« sich im See als »reifende Frucht«. Diese Betrachtung der Spiegelsymmetrie von Landschaft und Seele führt zu einer Selbsterkenntnis und einer Bewußtseinsänderung, die zwar noch nicht vollständig abgeschlossen ist, aber eine Überwindung des Vorherigen bedeutet. Die Überwindung des Sturm und Drang als Erlebnislyrik ist hier im Kern bereits angelegt.
Obwohl weitere Reisen locken, kehrt Goethe noch einmal nach Frankfurt zu Lili zurück. Doch im Herbst wird die Verlobung schließlich gelöst. In »Dichtung und Wahrheit« beschreibt er eindrucksvoll, wie er ein letztes Mal an ihr Fenster tritt, um heimlich Abschied zu nehmen. Im hohen Alter wird Goethe rückblickend sagen: »Ich bin meinem eigentlichen Glücke nie so nahe gewesen als in der Zeit jener Liebe zu Lili.« Doch Goethe entscheidet sich für die Kunst. Er nimmt eine Einladung des Herzogs Carl August an und bricht am 30. Oktober 1775 auf. Die Reise führt ihn für längere Zeit nach Weimar.

NOVALIS
WALZER

Hinunter die Pfade des Lebens gedreht
Pausirt nicht, ich bitt euch so lang es noch geht
Drükt vester die Mädchen ans klopfende Herz
Ihr wißt ja wie flüchtig ist Jugend und Scherz.

Laßt fern von uns Zanken und Eifersucht seyn
Und nimmer die Stunden mit Grillen entweihn
Dem Schutzgeist der Liebe nur gläubig vertraut
Es findet noch jeder gewiß eine Braut.

LUDWIG HARIG
IM DREIVIERTELTAKT

Schon die Jugendverse des romantischen Dichters Novalis gehören zu den reinsten Kunstgebilden aus Sprache. Ganz gleich, ob in der Beschwörung außergewöhnlicher oder alltäglicher Wahrnehmungen, sie folgen stets den strengen Eigengesetzen der Poesie. Jede Regung seines Lebens übersetzt er in dichterisch bewegte Sprache. So gibt er die unbeschwerten Sommertage, die er nach bestandenem juristischen Examen mit seinem Bruder Carl in Weißenfels verbringt, nicht in realistischer Manier wieder wie der Bruder in seinem Brief – »wir haben getrunken, gesungen, getanzt« –: Novalis schreibt ein Gedicht, in dem die Sprache selber tanzt.

Er meidet jede Erklärung, entzieht sich der gesellschaftlichen Auslegung des Tanzes als Verbindung von Fest und Spiel, scheut sich vor philosophischen Deutungen, Tanz sei die Offenbarung der Lebensfreude, seine Ausstrahlung reiche in mystische Tiefen, in übersinnliche Höhen. Der Dichter kehrt im Gegenteil die sinnliche Qualität des Tanzes hervor, seine rhythmische und im Rhythmus mitschwingende Kraft, die zwar eng an den Körper und seine Bewegungen gebunden scheint, sich aber befreit in dichterischer Erfindung, die nicht Nachahmung des Realen ist. Man müsse schriftstellern wie komponieren, schreibt er in seinen Fragmenten, rhythmischer Sinn sei Genie.

Sein Tanz ist der Walzer, der gegen Ende des achtzehnten Jahrhunderts aufkommt. Die individuelle Freiheit des

Paartanzes verdrängt die höfische Figurenfolge, der taktfeste und zugleich ungebändigte Schwung des Walzers löst die steife Anmut des Menuetts ab. Der Fünfundzwanzigjährige besingt den Walzer im Walzertakt und bestätigt Rousseaus Auffassung, Poesie sei jene Form der Aussage, die durch ihre sprachliche Eigenart, nicht durch Inhalt oder Meinung wirkte. Beides, Inhalt und Meinung dieses Gedichts, beschwört zwar die Tanzabenteuer der beiden Brüder Hardenberg mit all ihrer körperlichen und gefühlsmäßigen Lebenslust herauf, doch schon der erste Vers schlägt den Ton der Vergänglichkeit alles sinnlich Erlebten an. In den Worten »Hinunter die Pfade des Lebens gedreht« schwingt der unausgesprochene Wunsch nach Unaufhörlichkeit mit, Nietzsches Ruf nach ewiger Dauer der Lust.

»Heinrich wünschte den Tanz nie zu endigen«, heißt es im Roman »Heinrich von Ofterdingen«; in der Erzählung »Die Lehrlinge zu Sais« haben sich die sinnlichen Bewegungen bereits in geistige verwandelt. Es ist der Dichter, der »durch eine geschickte Anwendung seiner geistigen Bewegungen das Weltall auf eine einfache, rätselhaft scheinende Figur zu reduzieren sucht«. Novalis geht sogar so weit zu sagen, daß der Dichter »die Natur tanzt und mit Worten die Linien der Bewegung nachschreibt«.

Im daktylischen Dreivierteltakt ist unser Gedicht der Walzer selbst, durch Wörter gestiftet. Der Dichter Novalis erzählt keine Geschichte. Im Dreivierteltakt mit Wörtern tanzend, konstituiert die Sprache das Wesen des Walzers und beglaubigt Carl Einsteins Geständnis an die Tänzerin Napierkowska: »Vielleicht entzieht sich nichts dermaßen dem Wort wie der Tanz.« In Stanley Kubricks Film »2001 – Odyssee im Weltraum« tanzen freischwebende Raumschiffe den Donauwalzer von Johann Strauß.

CLEMENS BRENTANO
GEHEIME LIEBE

Unbeglückt muß ich durchs Leben gehen,
Meine Rechte sind nicht anerkannt;
Aus der Liebe schönem Reich verbannt,
Muß ich dennoch stets ihr Schönstes sehen!

Nicht die schwache Zunge darf's gestehen,
Nicht der Blick verstohlen zugesandt,
Was sich eigen hat das Herz ernannt,
Nicht im Seufzer darf's der Brust entwehen!

Tröstung such' ich bei der fremden Nacht,
Wenn der leere lange Tag vergangen,
Ihr vertrau' ich mein geheim Verlangen;

Ist in Tränen meine Nacht durchwacht,
Und der lange leere Tag kommt wieder,
Still ins Herz steigt meine Liebe nieder.

RÜDIGER GÖRNER
IM FREMDEN DER NACHT

Ob man das kennt: Selbst dann zu schweigen, wenn einen das allzu leidgeprüfte »Herz« dazu drängt, zu bekennen, was man fühlt. »Geheime Liebe« ist ein Gedicht, das scheinbar keine Fragen stellt, in Wahrheit aber viele aufwirft, Fragen etwa der Art: Verhält man sich nur dann so wie dieses Ich, wenn man pubertär geblieben ist, peinlich befangen und gehemmt? Wo wären noch Götter oder Heilige, die in solchen Lagen helfen könnten und einem derart von Seelen- und sonstigen Nöten Gequälten noch zu sagen gäben, was er leidet?
Andererseits: Was soll uns heute ein solches Gedicht voll romantischen Weltschmerzes und Sympathie mit der radikalen, ans Autistische grenzenden Vereinzelung oder Selbstisolierung? Wie lesen wir dieses Gedicht Brentanos, wir passioniert Enthemmten, wir Tabuverächter?
Oder beginnen wir uns inzwischen, nicht minder klammheimlich wie Brentanos poetisches Ich, wieder nach etwas Tabu zu sehnen? Ob wir daher diesem gefühlsdichten Sonett nicht doch mehr abgewinnen können, als wir uns zunächst eingestehen wollten?
Wer hätte sie nicht erfahren an Leib und Seele, diese Liebe zum Unerreichbaren? Wer hätte es nicht in sich verspürt, dieses Verlangen nach Schönem, diesen Wunsch nach augenblicklicher Beglückung, und sei es zum Schein, nach Gegenbildern und Gegenwerten zu diesen unsäglich »leeren langen Tagen«? Dieses Gedicht Brentanos verfügt je-

doch noch über eine andere Bedeutungsebene, die folgendes meint: Wer sich verbietet zu sagen, was idealerweise sein könnte, leistet Utopieverzicht. Somit fragt dieses Sonett, ob ein solcher Verzicht unter bestimmten Voraussetzungen nicht mehr Seelenstärke, ja Humanität beweisen kann als ein bekenntnishaftes Sich-Aussprechen.

Wenig scheint spektakulär an diesem Gedicht. Die Reime klingen schlicht, vorhersehbar geradezu. Die Kontraste haben etwas Offensichtliches: Die Sehnsucht nach dem Schönen konstrastiert mit dem wiederholten »leeren langen Tag«, das Verlangen mit gähnender Öde. Aber gerade das trägt zur Wirkung dieses Sonetts bei: Daß es mit offen zutage liegenden stilistischen Mitteln von einer »geheimen« Liebe handelt.

Dieses Ich erträumt nicht, was es sieht. Es gehört keinem Phantasten, sondern einem Liebenden, der kennt, was er begehrt. Vermutlich aber würde er sich lächerlich machen, wenn er sich der insgeheim Geliebten wirklich näherte. Von Anbeginn steht mithin sein Seelenzustand fest, der mit einem Wort verbunden ist, das als einziges etwas aus dem Rahmen des Üblichen fällt: unbeglückt. Nicht traurig, melancholisch, niedergeschlagen, sondern glücklos, ohne Aussicht auf Linderung dieses Zustands. Es gibt wenig Gedichte, deren erstes Wort wie in diesem Fall über alles Kommende entscheidet. Unbeglückt, das wirkt wie ein unwiderruflicher Schiedsspruch, der über jeden der folgenden Verse verhängt ist.

Damit stellt das Gedicht überdies einen zentralen Aspekt des aufklärerischen Erbes in Frage – das Streben nach individuellem Glück, ein Problem, das auch Kleist um 1800 umgetrieben hatte. Ein spätes Echo dieses »Willens zum Glück« findet sich noch im Prosawerk des frühen Thomas

Mann wie übrigens auch das »unbeglückte« Abseits-stehen-Müssen unbefriedigter, von Sehnsucht gepeinigter Existenzen. In Brentanos Gedicht dagegen gibt es nur noch eine Hoffnung: daß die Fremdheit der Nacht Zeugin des Verlangens werde.
Unbeglückt, das ist der Zustand des Unbehausten, dem nur noch Herz und Nacht bleiben. Zugespitzt gesagt: Dieses Ich irrt umher im Ausweglosen der Gefühle. Was kann je aus einer solchen Liebe werden? Eine vielsagende, aber nichts verratende Metapher, ein Lied auf der Suche nach einer Stimme und dann eben doch ein geglücktes Gedicht.

JUSTINUS KERNER
IKARUS

Mir träumt', ich flög' gar bange
Weit in die Welt hinaus,
Zu Straßburg durch alle Gassen
Bis vor Feinsliebchens Haus.

Feinsliebchen ist betrübet
Als ich so flieg und weint:
Wer dich so fliegen lehrte
Das ist der böse Feind.

Feinslieb, was hilft hier lügen
Da du doch alles weißt:
Wer mich so fliegen lehret,
Das ist der böse Geist.

Feinsliebchen weint und schreiet
Daß ich am Schrei erwacht
Da lieg ich, ach! in Augsburg
Gefangen auf der Wacht.

Und morgen muß ich hangen
Feinslieb mich nicht mehr ruft,
Wohl morgen als ein Vogel
Schwank ich in freier Luft.

WULF SEGEBRECHT
DIE EXEKUTION EINES TRÄUMERS

»Wenn ich ein Vöglich wär' / und auch zwei Flügel hätt' / flög' ich zu dir« – der Traum aller Liebenden, die voneinander getrennt sind. Er wird auch hier geträumt: Von Augsburg, wo er im Gefängnis einsitzt, führt den Träumer der Flug nach Straßburg zu seiner Geliebten. Aber dort ist er überraschenderweise nicht willkommen: Denn wer fliegen kann, der muß doch mit dem Teufel im Bunde sein! Der entsprechende Entsetzensschrei der Geliebten beendet den Traum vom Fliegen und führt den Gefängnisinsassen auf den Boden der Tatsachen zurück: Er hat die Vollstreckung des gegen ihn verhängten Todesurteils am kommenden Tag zu erwarten.

Was hat er eigentlich verbrochen? Das Gedicht beantwortet diese Frage gleich zweimal: Der »böse Feind« und der »böse Geist« sind seine Lehrmeister. Der Träumer ist ein vom Satan Besessener. Das wird ihm vorgeworfen, sogar von seiner Geliebten, und das gesteht er auch unumwunden ein. Er hat zu seiner Verteidigung nichts vorzubringen. Jawohl, er gestattet sich Wunschträume, er erlaubt sich den freien Flug der Phantasie. Das allein ist schon von Übel, ja mehr noch: es ist tödlich. Träumer sind zu exekutieren, eine freischwebende Phantasie darf es nicht geben.

Insofern wird hier, wie der Titel sagt, ein Ikarus-Schicksal erzählt. Denn auch der Flug des Ikarus, seine Befreiung aus der Gefangenschaft, endete bekanntlich tödlich: Er stürzte ab, als er sich der Sonne zu weit annäherte, die seine mit Wachs zusammengehaltenen Flügel schmolz. Sein Sturz war die Strafe für Vorwitz, Freiheitsstreben, jugendlichen Übermut oder Neugier, jedenfalls für Grenzüberschreitungen und Normverletzungen. Ikarus wollte, wie der in Augsburg Gefangene, frei wie ein Vogel sein. Das wurde ihm zum jammervollen Verhängnis.

Auch der Vogel, der am Ende des Liedes »in freier Luft« am Galgen baumelt, bietet ein Bild des Jammers. Die von der Liebe ausgelöste Antriebskraft Phantasie, die den Gefangenen im Traum nach Straßburg in Bewegung gesetzt hatte, ist ihm verlorengegangen; ihm fehlt jedes Ziel. Das volksliedhafte »flög' ich zu dir« gilt nicht mehr: »Feinslieb mich nicht mehr ruft«. Wo keine Liebe ist, da versagt auch die beflügelnde Kraft der Phantasie. Wenn und solange die Fähigkeit, sich auf den Flügeln der Phantasie über die irdischen Bedingungen zu erheben, als Teufelszeug verschrien wird, kann der Flug aus Liebe kein gutes Ende nehmen. Die angeblich teuflische Obsession des Gefangenen und seine vermeintlich satanische Besessenheit müßten erst als positive Werte identifiziert werden, wenn aus der ganz unromantisch verlaufenden Moritat ein romantisches Liebeslied werden soll. Insofern trügt der schöne Schein dieses Liedes. Liebesromantik kommt hier trotz der volksliedhaften Verse und der altertümlich-anheimelnden Sprache (»Feinsliebchen«) gerade nicht zustande.

Achim von Arnim und Clemens Brentano nahmen das Gedicht 1808 ohne Verfasserangabe in den zweiten Band ihrer epochemachenden Volkslied-Anthologie »Des Knaben Wunderhorn« auf. Als Quelle gaben sie, wohl absichtlich mystifizierend, an, das Gedicht sei ihnen »mitgeteilt« worden und »wahrscheinlich nicht sehr alt«. In der Tat!

Denn schon kurz darauf beteuerte Justinus Kerner, damals noch Student der Medizin in Tübingen, in Wirklichkeit sei er der Verfasser des Liedes; und er nahm es fortan konsequenterweise, allerdings leicht verändert, in seine eigenen Werke und Gedichtausgaben auf. Die Urheberschaft ist ihm zu gönnen, auch wenn nicht ganz genau geklärt ist, welchen Anteil die Herausgeber des »Wunderhorns« am Wortlaut des von Kerner in Anspruch genommenen Gedichts haben. Jedenfalls wurde es mit der Aufnahme ins »Wunderhorn« sogleich zum Volkslied geadelt, ähnlich wie sein berühmtes »Wanderlied« (»Wohlauf! noch getrunken / den funkelnden Wein«), das – mündlich überliefert – von Handwerksburschen schon gesungen wurde, bevor Kerner es selbst publizierte.

Zusammen mit seinem Studienkollegen Ludwig Uhland gehört Justinus Kerner zum Kern der sogenannten schwäbischen Romantik. Der angehende Mediziner behandelte unter anderen im Jahr 1806 den Patienten Friedrich Hölderlin, dessen Gedichten er später (1826) zur Publikation verhelfen sollte. Sein Ruhm als Dichter, als Arzt und als zur Freundschaft begabter Gastgeber in Weinsberg beruht auf seiner nahezu unbegrenzten Fähigkeit, sich vorurteilslos auch auf fremdartige und befremdliche Verhaltensweisen und Erscheinungen einzulassen und ihnen ihr Recht zu geben, ja sich sogar für sie zu begeistern. Dieser Begabung verdankt auch der besessene Ikarus seine romantische Renaissance.

WILHELM MÜLLER
TRÄNENREGEN

Wir saßen so traulich beisammen
Im kühlen Erlendach,
Wir schauten so traulich zusammen
Hinab in den rieselnden Bach.

Der Mond war auch gekommen,
Die Sternlein hinterdrein,
Und schauten so traulich zusammen
In den silbernen Spiegel hinein.

Ich sah nach keinem Monde,
Nach keinem Sternenschein,
Ich schaute nach ihrem Bilde
Nach ihren Augen allein.

Und sahe sie nicken und blicken
Herauf aus dem seligen Bach,
Die Blümlein am Ufer, die blauen,
Sie nickten und blickten ihr nach.

Und in den Bach versunken
Der ganze Himmel schien,
Und wollte mich mit hinunter
In seine Tiefe ziehn.

Und über den Wolken und Sternen
Da rieselte munter der Bach,
Und rief mit Singen und Klingen:
Geselle, Geselle, mir nach!

Da gingen die Augen mir über,
Da ward es im Spiegel so kraus;
Sie sprach: Es kommt ein Regen,
Ade, ich geh nach Haus.

DIETER BORCHMEYER
LEICHENRED IM NASSEN TON

Die Gedichte von Wilhelm Müller gehören leider nicht zum Kronschatz deutscher Lyrik. Schuberts Vertonungen seiner Zyklen »Die schöne Müllerin« und »Die Winterreise« stehen ihnen – anders als im Falle Goethes – bis heute im Wege. Und das ist um so bedauerlicher, als Schubert sie oft, wenn auch auf geniale Weise, gegen ihren eigenen Ton vertont hat. Ein Musterbeispiel ist das Gedicht »Tränenregen« aus der »Schönen Müllerin«. Schubert hat den Schluß dieses Gedichts in ein Mysterium verwandelt, das in einem langen Klaviernachspiel ausklingt. Doch hinter diesem Schluß stehen zwei Verse, welche alles andere als ein Mysterium, nämlich eine ironische Pointe sind, an der Schubert bewußt oder unbewußt vorbeikomponiert hat.

Wilhelm Müller ist es ergangen wie Heinrich Heine, der seinen lyrischen Vorgänger übrigens hoch geschätzt hat. Auch Heines Gedichten ist von den großen deutschen Liedkomponisten ihr spezifischer Ton fast immer hinwegvertont worden: jener Ton, in dem sich Ernst und Ironie, Scherz und Leid, Tragik und Parodie mischen – auf unverwechselbare Weise, dürfte man sagen, gäbe es da nicht jenen Wilhelm Müller, dessen »Tränenregen« fast von Heine stammen könnte.

Da sitzt der Müllerbursche mit seiner geliebten Chefin, der schönen Müllerin, an dem Bach, dessen Rauschen den *Cantus firmus* des Zyklus bildet. Der Bach ist das Alter ego des Müllergesellen. Er ist es, der ihn zu der Mühle geführt hat, der sein Liebesverhängnis begleitet und ihn schließlich zum Sterben in seinem Bett einlädt. Das Gedicht steht noch vor der tragischen Peripetie des Zyklus: dem Auftauchen des schmucken Jägers, dem die Müllerin verfallen wird. Noch aber schauen der Müllerbursche und sie »traulich« miteinander in den Bach, und der Verliebte nimmt die ganze Welt im Spiegelbild wahr, das sich um das Bild der Geliebten, um ihre gespiegelten Augen kristallisiert. Der Blick in den Wasserspiegel – das Narziß-Motiv – ist ein altes mythisches Todessymbol. Und so will das Wasser auch den Müllerburschen in seine Tiefe hinabziehen. »Geselle, Geselle, mir nach!« So der Todesruf des Bachs, dem der seiner Liebe Beraubte am Ende – in »Des Baches Wiegenlied« – folgen wird. Liebeserfahrung und Todessehnsucht werden eins. Überwältigt von der Entgrenzung seines Wesens durch die Urgewalt von Liebe und Tod, gehen dem Müllerburschen die Augen über. Die hausbackene Müllerin hingegen hält die Tränen des Liebhabers für Regentropfen und verabschiedet sich mit den im wahrsten Sinne trockenen Worten: »Ade, ich geh nach Haus.« Ein desillusionierender Schluß, ganz wie ihn später Heine liebte.

Wilhelm Müller hat seinen Zyklus (»aus den hinterlassenen Papieren eines reisenden Waldhornisten«) durch einen parodistischen Prolog und Epilog des »Dichters« eingerahmt. Diese beiden Stücke, die Schubert natürlich für seine Vertonung nicht brauchen konnte, weisen zurück auf den Anlaß des Zyklus: das gesellige Liederspiel »Die schöne Müllerin« im Hause des Staatsrats von Stägemann zu Berlin im Spätherbst 1816, bei dem Wilhelm Müller selbst, seinem Namen gemäß, den Müller spielte. Der ganze Zyklus setzt Requisiten einer trivialisierten Romantik spielerisch-parodistisch ein, ohne doch den Gefühlsgehalt der Lieder vernichten zu wollen. Auch in »Tränenregen« sind die ironischen Untertöne nicht zu überhören. »Der Mond war auch gekommen, die Sternlein hinterdrein«: das klingt reichlich platt und ist auch so – als Illusionsstörung – gemeint. Über den inflationären Gebrauch des Mond-Motivs in der Lyrik der Zeit spöttelt der Dichter im Prolog: »Und auch der Mond blickt aus der Wolken Flor / Schwermütig, wie's die Mode will, hervor.«

Nach dem Wiegenlied des Baches, seinem Schlummerlied auf den aus dem Leben scheidenden Müllergesellen, verabschiedet sich der Dichter im Epilog mit einer ironischen Distanzierung von solcher »Leichenred im nassen Ton«. Ernst und Ironie verschränken sich in der »Schönen Müllerin«, ohne sich doch wechselseitig aufzuheben. Schubert hat jenen Ernst – unvergeßlich – komponiert, die Ironie jedoch bleibt das unvertonte Eigentum von Wilhelm Müllers Gedichtzyklus.

EDUARD MÖRIKE
MASCHINKA

Dieser schwellende Mund, den Reiz der Heimat noch atmend,
Kennt die Sprache nicht mehr, die ihn so lieblich geformt:
Nach der Grammatik greifet die müßige Schöne verdrießlich,
Stammelt russischen Laut, weil es der Vater befiehlt.
Euer Stammeln ist süß, doch pflegt ihr, trutzige Lippen,
Heimlich ein ander Geschäft, das euch vor allem verschönt.

REINHARD LAUER
DIE TOCHTER DES BADEPÄCHTERS UND IHRE DISKRETEN GESCHÄFTE

In Eduard Mörikes Miniatur »Maschinka« wird junge Mädchenblüte von den schwellenden, bald lieblichen, bald trutzigen Lippen her begriffen. Glaubte der russische Formalist Jurij Tynjanow, daß die unverwechselbaren Gestalten der russischen Romanliteratur von den Lippenspitzen, also von ihrer Redeweise her, vorstellbar würden, so sind Maschinkas Lippen von der reizvollen Heimat und mehr noch von der lieblichen russischen Sprache geformt. Läßt sich einer Sprache größeres Lob zollen, als es hier geschieht?

Doch sehr zum Leidweisen ihres Vaters bedient sich Maschinka des Russischen nur widerwillig, und noch weniger behagt es ihr, die Grammatik zur Hand zu nehmen. Sie ahnt gar nicht, was sie ihrer Muttersprache verdankt. Aber rührt denn die trotzige Schönheit der Lippen allein von der russischen Sprache her? Nein, der da spricht, weiß von einem »ander Geschäft«. Maschinka ist nicht auf der zweiten, sondern auf der ersten Silbe zu betonen, sie ist kein »Maschinchen«, vielmehr ist der Name von Mascha und dies wiederum von Maria abgeleitet. Wer aber war Maschinka? Welch ander Geschäft mochte sie treiben?

Mörike, unzufrieden und kränkelnd am Pfarrort Cleversulzbach, trat im August 1837, begleitet von seiner Schwester Klara, einen Kururlaub in Bad Mergentheim an. Man stieg bei dem Badepächter Jacob Gary ab, und schon zwei

Tage nach der Ankunft berichtete Mörike in einem Brief, man werde Schloß und Ruine Neuhaus zu Fuß besuchen: »Die Tochter des Badepächters (Anninka mit Namen, eine geborene Russin, sehr gut erzogen und eine fertige Klavierspielerin) wird uns begleiten.« Die genannten Merkmale könnten auch auf Maschinka zutreffen. Hat Mörike im Gedicht Anninka in Maschinka umbenannt? Und wenn ja, zur Tarnung? Aus Diskretion? Oder hatte Anninka eine Schwester? (In »Maschinkas Lied«, einem anderen Gedicht aus der Mergentheimer Zeit, werden Geschwister erwähnt.)

Über Anninka erfahren wir aus Mörikes Korrespondenz bald mehr. Sie ist »auf dem Klaviere wohl daheim, auch sonst nicht dumm und von guter Erziehung, mit einer angenehmen Stimme«. Wenn nicht alles trügt, war es ihre kunstgeübte Hand, die Mörike während des Mergentheimer Aufenthaltes im Laufe dreier Tage die Mozart-Opern »Così fan tutte«, »Figaros Hochzeit« und »Don Giovanni« aus dem Klavierauszug vortrug. Einer der frühesten Impulse zur genialen Mozart-Novelle mag hier zu suchen sein. Hat ihr Mörike dafür Lob gezollt in dem Gedicht »An eine Sängerin«, ebenfalls aus den Mergentheimer Tagen?

Bildeten Mozart-Opern, Klavierspiel und Gesang also das »ander Geschäft«, das die junge Russin verschönte? Oder steckte dahinter Intimeres, wie es aus den Gedichten »Versuchung«, »Leichte Beute« oder »Götterwink« herauszulesen wäre? Wußte Mörike um Maschinkas Geheimnis und, endlich, um ihr Herzeleid (das in »Maschinkas Lied« Ausdruck fand) als Vertrauter oder gar als beteiligter Liebhaber? Wir wissen es nicht. Der Kommentar der kritischen Mörike-Ausgabe vermerkt nur knapp, über Jacob

Gary und seine Familie sei sonst nichts bekannt. Aus dem Mörike-Archiv ist zu erfahren, daß Jacob Gary offenbar nur ein Jahr, von Mai 1837 bis Mai 1838, Badepächter in Mergentheim war.

Mörike hat das kleine Gedicht in der Form der klassischen Epigramme, in Distichen, bestehend aus wechselnden Hexametern und Pentametern, geschrieben. Dank der Übertragungen römischer Liebespoesie (Catull, Horaz) gingen ihm in jener Zeit die klassischen Metren leicht von der Hand. Wie die drei Distichen an Maschinka zeigen, konnte er die graziöse These durch prosaische Wendungen erst konterkarieren, um sie am Schluß in die rätselhafte Pointe umzumünzen. Fragt man aber nach Maschinka und ihrem »ander Geschäft«, so kommt man zu keinem Ende. Es gibt wenig deutsche Dichter, die das Private so offen dargetan und wieder auch streng verborgen haben wie Eduard Mörike. Gelegenheitsgedichte, gewiß, aber über die Gelegenheiten wird der Schleier der Diskretion gebreitet.

EDUARD MÖRIKE
AN EINEM WINTERMORGEN, VOR SONNENAUFGANG

O flaumenleichte Zeit der dunkeln Frühe!
Welch neue Welt bewegest du in mir?
Was ist's, daß ich auf einmal nun in dir
Von sanfter Wollust meines Daseins glühe?

Einem Kristall gleicht meine Seele nun,
Den noch kein falscher Strahl des Lichts getroffen;
Zu fluten scheint mein Geist, er scheint zu ruhn,
Dem Eindruck naher Wunderkräfte offen,
Die aus dem klaren Gürtel blauer Luft
Zuletzt ein Zauberwort vor meine Sinne ruft.

Bei hellen Augen glaub ich doch zu schwanken;
Ich schließe sie, daß nicht der Traum entweiche.
Seh ich hinab in lichte Feenreiche?
Wer hat den bunten Schwarm von Bildern und Gedanken
Zur Pforte meines Herzens hergeladen,
Die glänzend sich in diesem Busen baden,
Goldfarbgen Fischlein gleich im Gartenteiche?

Ich höre bald der Hirtenflöten Klänge,
Wie um die Krippe jener Wundernacht,
Bald weinbekränzter Jugend Lustgesänge;
Wer hat das friedenselige Gedränge
In meine traurigen Wände hergebracht?

Und welch Gefühl entzückter Stärke,
Indem mein Sinn sich frisch zur Ferne lenkt!
Vom ersten Mark des heutgen Tags getränkt,
Fühl ich mir Mut zu jedem frommen Werke.
Die Seele fliegt, so weit der Himmel reicht,
Der Genius jauchzt in mir! Doch sage,
Warum wird jetzt der Blick von Wehmut feucht?
Ist's ein verloren Glück, was mich erweicht?
Ist es ein werdendes, was ich im Herzen trage?
– Hinweg, mein Geist! hier gilt kein Stillestehn:
Es ist ein Augenblick, und alles wird verwehn!

Dort, sieh, am Horizont lüpft sich der Vorhang schon!
Es träumt der Tag, nun sei die Nacht entflohn;
Die Purpurlippe, die geschlossen lag,
Haucht, halbgeöffnet, süße Atemzüge:
Auf einmal blitzt das Aug, und, wie ein Gott, der Tag
Beginnt im Sprung die königlichen Flüge!

WALTER HINDERER
DER POETISCHE AUGENBLICK

Zart wie Schneeflocken kommen sie daher, diese Zauberworte, wie hingehaucht, schwebend zwischen Traum und Wachen, zwischen Dämmerung und Morgenlicht. Schon die erste Zeile: Was für eine sprachliche Erfindung, was für ein Worteinfall! Hier ist ein Meister der Zwischentöne am Werk, dem es gelingt, noch das Unterbewußte, das Verborgenste, das Geheimnisvollste andeutungsvoll zu beschwören.

Die Verse stammen von dem einundzwanzigjährigen Theologiestudenten und angehenden Pfarrvikar Eduard Mörike, dessen poetische Inspiration um diese Zeit wegen schmerzlicher persönlicher Erfahrungen gefährdet schien. Er hatte vor kurzem seinen Lieblingsbruder August verloren und sich von seiner »Peregrina«, der ebenso rätselhaften wie faszinierenden Vagantin Maria Meyer, getrennt. Doch dieser Wintermorgen im Jahre 1825 bewegte in ihm eine »neue Welt« und ließ sein Dasein auf geradezu erotische Weise »von sanfter Wollust« erglühen. Mörikes Landmann und Zeitgenosse, der Ästhetiker Friedrich Theodor Vischer, hat den komplizierten Vorgang des schöpferischen Zustands einmal als das »punktuelle Zünden der Welt im lyrischen Subjekt« bezeichnet. Man kann nur staunen, wie ihn der Dichter in diesem Gedicht veranschaulicht. Er tut das in sechs Strophen von unterschiedlicher Länge und mit einem abwechslungsreich variierten Reimschema. Die überwiegend jambischen Versschritte werden zuweilen daktylisch beschleunigt. Der »Sohn des Horaz und einer feinen Schwäbin«, wie Gottfried Keller nicht ohne Bewunderung Mörike charakterisiert hat, versteht es, überlieferte Formmuster auf dergestalt ingeniöse Weise zu verändern, daß die Inhalte einen überraschend neuen Ausdruck finden.

Die Aussage- und Fragesätze zwingen zum langsamen, aufmerksamen Lesen und bereiten auf die Höhepunkte in der fünften und sechsten Strophe vor. Geradezu hörbar wird die einprägsame Anfangszeile von der Schlußstrophe übertrumpft: der Epiphanie des Sonnenaufgangs. Der Augenblick, an dem sich am Horizont der Vorhang »lüpft«, die »Purpurlippe« sich halb öffnet und der Tag »die königlichen Flüge« beginnt, wird gefeiert »wie ein Gott«. Eine Steigerung ist danach nicht mehr möglich. Der Zwischenzustand zwischen Nacht und Tag, Traum und Wachen ist aufgehoben, der »bunte Schwarm von Bildern und Gedanken«, die Klänge der Hirtenflöten und die »Lustgesänge« der »weinbekränzten Jugend«, die christliche und dionysische Welt, sind gleichermaßen in der Poesie bewahrt.

Die neuerwachten Kräfte führen zu einer ekstatischen Erfahrung des eigenen Daseins. Aber diesem Gefühl scheint die zweite Strophe zu widersprechen. Hier wird die Seele mit einem durchsichtigen reinen Kristall verglichen, der allerdings gegenüber allen inneren und äußeren Eindrükken offen ist. Kristall und glühendes Dasein stehen also nicht im Widerspruch, sondern sie sind nur zwei Seiten der schöpferischen Existenz, in der Seele und Geist, Gefühl und Verstand, aktive und passive Zustände vereint sind. Die Einbildungskraft wird aus allen Bereichen gespeist, aus der Außen- und der Innenwelt, »dem klaren Gürtel blauer Luft« und dem Traum, dem Unterbewußtsein. Nicht von ungefähr schildert die fünfte, die längste Strophe des Gedichts, ganz ähnlich wie die sechste einen göttlichen Flug: Es handelt sich hier um den Flug der Poesie. Genau in der Mitte der Strophe befindet sich das Erlebnis des höchsten Augenblicks, das dem Dichter den Ausruf entlockt: »Der Genius jauchzt in mir!« Doch noch in derselben Zeile bahnt sich ein Umschwung an: Wehmütige Erinnerungen, Gedanken an verlorenes oder zukünftiges Glück bedrohen das »Gefühl entzückter Stärke«. Aber der Dichter ermahnt sich selbst und weist die trüben Gedanken ab. Er weiß, wenn er diesen Augenblick versäumt, unterbleibt der poetische Sonnenflug der Poesie. In mehr als einer Hinsicht erweist sich dieser glückhafte Wintermorgen im Jahre 1825 für Eduard Mörike als ein Königsweg seiner Dichtung.

RICHARD WAGNER
EIN RUNDES, EIN SCHÖNES GEDICHT

Mein Freund! In holder Jugendzeit,
wenn uns von mächt'gen Trieben
zum sel'gen ersten Lieben
die Brust sich schwellet hoch und weit
ein schönes Lied zu singen
mocht' vielen da gelingen:
der Lenz, der sang für sie.

Kam Sommer, Herbst und Winterzeit,
viel Not und Sorg' im Leben,
manch ehlich Glück daneben,
Kindtauf', Geschäfte, Zwist und Streit:
denen's dann noch will gelingen,
ein schönes Lied zu singen,
seht, Meister nennt man die.

MARCEL REICH-RANICKI
ALLER ANFANG IST LEICHT

Ein rundes, ein schönes Gedicht von Richard Wagner? In der Tat, das gibt es. Allerdings ist es versteckt, wenn auch an einer keineswegs entlegenen Stelle. Es geht um den Ritter Walther von Stolzing, der unlängst aus dem Frankenland nach Nürnberg gekommen ist. Er möchte dringend das Fräulein Pogner ehelichen, welches fatalerweise schon einem anderen versprochen ist, einem nämlich, der ein öffentliches Wettsingen gewinnen werde. Sie wird also von ihrem ehrgeizigen Vater als Preispokal mißbraucht, was übrigens den Nürnberger Feministinnen des 16. Jahrhunderts gar nicht gefallen hat.

Für den Rittersmann gibt es nur eine Chance: Auch er muß an dem geplanten Wettbewerb teilnehmen und ihn natürlich gewinnen. Die Sache hat einen Haken: Er hat die Prüfung, das Probesingen am Vortag in der Kirche, nicht bestanden. Sein Lied war für die Meistersinger – und ohne sie läuft in Nürnberg nichts – zu feurig, zu stürmisch und, vor allem, zu modern.

Aber der Ritter hat Glück: Er findet einen Bewunderer, der sich in den Kopf gesetzt hat, zwischen dem Neuankömmling und dem städtischen Kulturbetrieb zu vermitteln. Hans Sachs ist es, der nun als Stolzings Mentor und Impresario fungiert. Er will, daß der schmucke Rittersmann ein Lied dichtet und komponiert, das von seiner künstlerischen Eigenart zeugen würde und das dennoch den Meistern und womöglich auch dem Volk gefallen könnte. Er soll nicht nur ein schönes Lied verfertigen, sondern zugleich ein Meisterlied. Da fragt es sich, was das denn eigentlich sei – ein Meisterlied? Das möchte Stolzing wissen – und wir auch.

Sachs formuliert seine Antwort in einem Gedicht, das aus zwei siebenzeiligen gereimten Liedstrophen besteht. Was er zu sagen hat, ist ganz einfach: Die beliebte Wendung »Alles Anfang ist schwer« wird von ihm außer Kraft gesetzt. Für die Dichter, für die Künstler gelte oft gerade das Umgekehrte. In holder Jugendzeit, da sei schon vielen ein schönes Lied gelungen, denn: »der Lenz, der sang für sie«. Jene, die später, also nach dem frühen Erfolg, trotz der Sorgen und Widrigkeiten im täglichen Leben der Dichtung treu bleiben und weiterhin schöne Lieder singen, die erst, meinen Richard Wagner und Hans Sachs, hätten sich als Meister bewährt. Haben sie recht?

Viele Autoren schaffen ein erstes Buch von beachtlicher oder sogar wunderbarer Qualität, haben dann jedoch große Schwierigkeiten, den frühen Erfolg einzuholen. Er hat in der Regel zwei Ursachen. Da ist zunächst ein Grunderlebnis des angehenden Schriftstellers (Liebe, Krieg, Vater-Sohn-Konflikt und ähnliches), dem jugendliche Frische und Unmittelbarkeit des Ausdrucks zur Wirkung verhelfen. Kurz: Beim Debüt, da hat dem Autor der Lenz geholfen.

Stimmt das? Hier gleich drei Beispiele auf der Ebene unserer Klassiker: Goethes »Werther«, Heines »Buch der Lieder«, Thomas Manns »Buddenbrooks«. Es hat viele Jahre gedauert, bis Goethe und Thomas Mann wieder einen Roman von größtem Format veröffentlichen konnten. Kein Wort des Lobes über die »Wahlverwandtschaften« und den »Zauberberg« ist zuviel. Aber die Energie und die

Spannkraft der jugendlichen Erstlinge kann man ihnen nicht mehr nachrühmen. Von Heine gibt es bessere und tiefere Verse als die frühen Gedichte, die er im »Buch der Lieder« zusammengefaßt hat. Aber gibt es auch schönere und erfolgreichere? Sicher ist: In allen drei Fällen war der Lenz im Spiel. Vielleicht trifft das auch auf das Werk eines zeitgenössischen Klassikers zu. Ich meine die »Blechtrommel«.

Es mag nicht ganz einfach sein, sich mit dem betulichen und etwas altbackenen Vokabular dieses Wagner-Gedichts abzufinden. Was immer er war – ein moderner Sprachkünstler war er bestimmt nicht. Doch zuviel klagen sollten wir nicht, denn das »Meistersinger«-Libretto, ein Glanzstück dieser Gattung, ist zumindest in stilistischer Hinsicht dem »Tristan«-Libretto haushoch überlegen. Wie auch immer: Mir gefällt diese weise, diese nachdenkliche Belehrung, ich halte sie für einen der poetischen Höhepunkte der »Meistersinger«. Wagner, dieser geniale Halunke, er konnte, wenn ihm daran lag, auch ein rundes, ein schönes Gedicht schreiben.

THEODOR STORM
BEGEGNUNG

Das süße Lächeln starb dir im Gesicht
Und meine Lippen zuckten wie im Fieber;
Doch schwiegen sie – wir grüßten uns auch nicht,
wir sahn uns an und gingen uns vorüber.

DORIS RUNGE
ALS IHR LÄCHELN STARB, DA STARB AUCH IHRE LIEBE

Die Begegnung ist Vergangenheit: »wir ... gingen uns vorüber.« Nur das Gedicht ist Gegenwart. Vier Zeilen genügen Storm für den Rückblick auf das Zusammentreffen: Eine Frau und ein Mann begegnen sich, wort- und grußlos – »wir sahn uns an ...«. Ist das alles, diese nachträgliche Reflexion über eine verpaßte Gelegenheit? Was ist daran beunruhigend? Alles, was in diesen wenigen Zeilen unausgesprochen bleibt, alles, was der Blickwechsel ins Licht zieht: eine Szene, wie von einem Blitz erhellt. Aus dem Dunkel tauchen die Protagonisten auf.

Wir wissen nichts von ihnen, nicht, woher sie kommen, nicht, wohin sie gehen, nicht, was sie verbindet. Für einen Augenblick sehen wir das Gesicht der Frau aufscheinen, sehen »das süße Lächeln« sterben, und die Lippen des Mannes zucken »wie im Fieber« – »doch schwiegen sie«. Schwiegen sie wirklich? Oder fanden sie nur die Worte nicht? Denn die fiebrigen Lippen sprechen – von Glut, Begehren, Verlangen, – von Liebespassion. Ist es das, was die Vorübergehende von seinen wortlosen Lippen ablas, was sie in Furcht und Schrecken versetzte, so daß ihr das Lächeln starb? Sterben heißt starr, steif, kalt werden. Sterben umfaßt alle Todesarten. Und wenn ihr Lächeln starb, dann heißt es wohl, daß ihre Liebe starb.

Die Abfolge der Schlüsselwörter – starb, Fieber, vorüber – verrät Ursache und Wirkung. Die tragische Liebe ist nicht die unerfüllte, sondern die unerwiderte Liebe. Aber die Liebe ist, wie alle Krankheiten, die nicht unheilbar sind und mit dem Tode enden, vorübergehend. Das Schicksal, das hier jeweils in der Gestalt des anderen auftrat, hat sie noch einmal verschont. Verschont, um welchen Preis? »Wir sahn uns an und gingen uns vorüber«, meint das, wir gingen uns verloren? Oder auch, wir sind verloren ohne einander? Die grammatikalische Ungenauigkeit in der Schlußzeile läßt mehrere Deutungen zu.

Die besten lyrischen Gedichte sind für Storm »immer unmittelbar aus der vom Leben gegebenen Situation heraus geschrieben worden«. Gewiß ist dieses Gedicht, das Storm dem Leben »abschrieb«, keines seiner Meisterstücke, obgleich es erfüllt, was der Dichter von einer lyrischen Momentaufnahme forderte: das Aufeinandertreffen von Stimmung und Situation, die Verwandlung des »Naturlautes« in Kunst. Zeitlebens hat Theodor Storm den Stimmen der Natur gelauscht – und die Liebe ist eine elementare Stimme.

Anhand von Briefen und Tagebucheintragungen läßt sich »das süße Lächeln« identifizieren. Bertha von Buchan heißt das Lockenköpfchen, das Storm 1836 bei Verwandten in Hamburg als Zehnjährige kennen- und liebenlernt. In der Liebe zu Bertha sucht er den paradiesischen Garten, das verlorene Reich der Kindheit wiederzufinden. Unschuldig, zart, scheu und formbar sollte die Auserwählte sein – eine Kindfrau, in der sich Schwester und Geliebte, sexuelle Wünsche und die Sehnsucht nach ewiger Kindlichkeit vereinigten. Aus winzigen realistischen Zeichen, harmloser Korrespondenz, gelegentlichen Blickkontakten wird seine Leidenschaft gespeist, werden die Wunschbilder entworfen. Im März 1842 (auf dieses Jahr wird die Entstehung des Gedichtes datiert) traf Theodor unverhofft auf das Mädchen, das nichts von seinem Aufenthalt in Hamburg wußte – wir sahen uns an, wir sagten nichts, wir grüßten uns auch nicht – beschreibt Storm in seinem Tagebuch die zufällige Begegnung.

Doch das Schicksal ist blind für persönliche Sehnsüchte, Wünsche und Träume. Und sind nicht oft genug gerade die erfüllten Träume die späteren Albträume? Bertha hat Storms schmerzliche Leidenschaft nicht auf die ersehnte Weise erwidert. Seinen späteren Heiratsantrag lehnt die Siebzehnjährige ab. Als er nach fast zwanzig Jahren seine »alte Flamme« in Hamburg wiedertraf, lautete sein Urteil: ». . . recht hübsch und interessant . . ., auch nett und liebenswürdig gegen mich, obgleich ein Etwas in mir in ihr die fromme, selbstgerechte alte Jungfer herausfühlte. Himmel, wenn das meine Frau geworden wäre!«

GOTTFRIED KELLER
DIE ZEIT GEHT NICHT

Die Zeit geht nicht, sie stehet still,
Wir ziehen durch sie hin;
Sie ist ein Karavanserai,
Wir sind die Pilger drin.

Ein Etwas, form- und farbenlos,
Das nur Gestalt gewinnt,
Wo ihr drin auf und nieder taucht,
Bis wieder ihr zerrinnt.

Es blitzt ein Tropfen Morgentau
Im Strahl des Sonnenlichts;
Ein Tag kann eine Perle sein
Und ein Jahrhundert nichts.

Es ist ein weißes Pergament
Die Zeit und Jeder schreibt
Mit seinem roten Blut darauf,
Bis ihn der Strom vertreibt.

An dich, du wunderbare Welt,
Du Schönheit ohne End,
Auch ich schreib meinen Liebesbrief
Auf dieses Pergament.

Froh bin ich, daß ich aufgeblüht
In deinem runden Kranz;
Zum Dank trüb ich die Quelle nicht
Und lobe deinen Glanz.

HELMUTH NÜRNBERGER
EIN LIEBESBRIEF

In den Jahren, die der Niederschrift dieses 1849 entstandenen Gedichts vorangingen, hat die Zeit als die »Madonna der Poeten«, als »Mater dolorosa, die gebären / den Heiland soll«, viel von sich reden gemacht: Die Autoren des Vormärz, in Rücksicht auf ihr revolutionäres Engagement als »Zeitdichter« bezeichnet, allen voran Georg Herwegh, prägten auch die lyrischen Anfänge des jungen Gottfried Keller. »Die Zeit ergreift mich mit eisernen Armen. Es tobt und gärt in mir wie in einem Vulkane.« Unverkennbar waren es persönliche Konflikte, die den zwergenhaften gescheiterten Maler zum Trommler der Radikalen machten. An die Dramatik dieser zurückliegenden Vorgänge erinnern die Verse des inzwischen Dreißigjährigen nur noch in indirekter Weise, indem sie nämlich verneinen, was doch unbestreitbar scheint: den Zeitstrahl, die stetige Wandlung der Welt aus einer ungewissen Vergangenheit in eine noch ungewissere Zukunft.

Vielmehr begegnen wir einer diesseitigen Ewigkeit, einer stillstehenden und insofern zeitlosen Zeit sowie dem pilgernden Menschen, der nur ein begrenztes Dasein und also keine Hoffnung auf Dauer kennt. Er ist auf seine ephemere Existenz verwiesen als das einzige, das er wirklich besitzt. Diese Armut bildet seinen Reichtum.

»Die Zeit geht nicht«, ist das zweite in einer Reihe von »Sonnwende und Entsagen« betitelten Gedichten, die sämtlich in Kellers erstem Heidelberger Jahr entstanden sind und die Themen seiner weltanschaulichen Wandlung variieren. Die den Reflexionen zugrundeliegende Erfahrung ist als Kellers Feuerbach-Erlebnis in zuweilen etwas verkürzter Weise bekannt. Die atheistische Lehre des Religionsphilosophen traf den verspäteten Studenten nicht unvorbereitet, aber sie klärte und festigte seine Vorstellungen. Künstlerisch wirkte sie auf ihn befreiend, denn Welt und Leben »nach Feuerbach« erschienen, wie Keller ausführt, »klarer, strenger, aber auch glühender und sinnlicher«. Folgerichtig lesen wir im »Grünen Heinrich«: »Gott ist ein weltlicher Geist, weil er die Welt ist und die Welt in ihm. Gott strahlt von Weltlichkeit.« Wenn Keller darüber hinaus sich auf den »Cherubinischen Wandersmann« des Angelus Silesius bezieht – und das geschieht auch im vorliegenden Gedicht –, wird der mystische Zug solcher Welterfahrung erkennbar.

Es ist ein von Wissen umschattetes, gleichwohl uneingeschränktes Plädoyer für die »wunderbare Welt«: für das Leben als erfüllten Augenblick, dessen Glanz das Gestaltlose, die gleichgültige Folge leerer Zeiträume, die Unrast der »Karavanserai« vergessen läßt. Letztere, dafür sorgt der für abendländische Ohren fremd klingende Name, stellt unvertraute Begegnungen und Güter in Aussicht. Aber für das Extravagante wird keine Aufmerksamkeit gezeigt. Vielmehr zielt die eher konventionelle Bildsprache des Gedichts auf das dankbare Lob einer wiederkehrenden Erscheinung. Unzerstörbar und unvergänglich leuchtet die natürliche Welt, sie atmet Anmut und Stille. Es ist eine mütterliche Natur, momentan meinen wir ein volkstümliches Marienlied zu hören (»Du Schönheit ohne End'«). Wer wollte auf das »weiße Pergament« nicht seinen Liebesbrief schreiben? Auf den individuellen Inhalt des Briefes kommt es kaum an. Die einzige, allerdings schwerwiegende Bedingung nämlich ist, daß mit rotem Blut geschrieben wird.

Wer ist dieser junge Mensch, der die »Quelle« nicht zu trüben und den »Glanz« zu loben verspricht? Zweifellos hat er viel erduldet. »Wer keine bitteren Erfahrungen und kein Leid kennt, der hat keine Malice, und wer keine Malice hat, bekommt nicht den Teufel in den Leib, und wer diesen nicht hat, der kann nichts Kernhaftes arbeiten«, lesen wir in einem Brief Kellers von 1851. Sein Werk lehrt, daß man den Teufel zuweilen sehr schnell, etwa als schmollender Pankraz bei der Begegnung mit einem Löwen, in gewissermaßen novellistischer Kürze in den Leib bekommt. Dem regelmäßigen Verlauf und der Kausalität der Zeit scheinen solche Schicksalsstunden nicht unterworfen, wie folgerichtig und in versteckter Weise gesetzmäßig Entwicklungen auch vorbereitet sein mögen. So steht es auch mit der Freude: Sali und Vrenchen (»Romeo und Julia auf dem Dorfe«) begehren nur das Glück weniger Stunden. Das Geschehen gewinnt eine neue Qualität, durch die alles Bisherige außer Kraft gesetzt wird und durch die auch die Zeit ihre Bedeutung verliert.

Die Farbe des Kellerschen Liebesbriefes hält, was sie verspricht. Sein Leben zeigt starke Auf- und Abschwünge, ausgefüllte Jahre wechseln mit solchen, die keinen Inhalt zu haben scheinen. Dementsprechend unregelmäßig und auch dem Schaffenden nicht jederzeit zugänglich ist die künstlerische Produktion: Was er webt, das weiß kein Weber. Aber der Zusammenhang mit dem eigenen Erleiden ist unlöslich. So gleicht der Autor zuletzt jenem Namenlosen bei Jorge Luís Borges, der es sich zur Aufgabe setzt, die Welt abzuzeichnen, im Laufe der Jahre einen Raum mit

Bildern von Provinzen, Königreichen, Gebirgen, Buchten, Schiffen, Inseln, Fischen, Behausungen, Werkzeugen, Gestirnen, Pferden und Personen bevölkert und, kurz bevor er stirbt, entdeckt, daß dieses geduldige Labyrinth aus Linien das Bild seines eigenen Gesichts wiedergibt.

FRIEDRICH NIETZSCHE
TROST FÜR ANFÄNGER

Seht das Kind umgrunzt von Schweinen,
Hülflos, mit verkrümmten Zeh'n!
Weinen kann es, Nichts als weinen –
Lernt es jemals stehn und gehn?
Unverzagt! Bald, sollt' ich meinen,
Könnt das Kind ihr tanzen sehn!
Steht es erst auf beiden Beinen,
Wird's auch auf dem Kopfe stehn.

GÜNTER KUNERT
ICH BIN DYNAMIT

Falls wir Goethes Ausspruch »Nur die Lumpe sind bescheiden« als Grundsatz bewerten wollen, müssen wir Nietzsche ans genau entgegengesetzte Ende der Verhaltensskala plazieren. Ja, unser durch eine überschäumende Renaissance propagierter Philosoph war mehr als unbescheiden – er war extrem überheblich. Goethe und Luther siedelte er Stufen unter sich an: er sei über beide hinausgegangen, erklärt er hochgemut. Welche Furore hätte das gemacht, wäre das Fernsehen schon erfunden gewesen! Und seine Selbstbekundung »Ich bin kein Mensch, ich bin Dynamit« klingt eher wie die Stimme des Expressionismus als die der Philosophie, deren Argumentation wir uns gewöhnlich gemäßigt und verklausuliert vorstellen. Nietzsche ist von anderem Kaliber; in ihm treibt eine unausgelebte Motorik ihr Wesen, was sich in manchen seiner Gedichte unverhohlen zeigt. Das dionysische Moment ist, etwas verkürzt gesagt, dem körperlichen Ausagieren der leiblichen Entfesselung unablöslich verbunden. Das Schlüsselwort heißt: Tanz. Freiwerden im Rausch des Tanzens, in diesem archaischen Exerzitium.

Der Tanz spielt bei Nietzsche anfangs eine symbolische, zum Ende hin jedoch eine konkret grausige Rolle. Sein Dreizeiler »Für Tänzer: Glattes Eis / Ein Paradeis / Für den, der gut zu tanzen weiß« enthält keinen metaphorischen Ratschlag für andere, sondern spricht pro domo. Um sich aufs Glatteis begeben zu können, muß man sich selbst für einen guten Tänzer halten und die Gefährdung genüßlich in einen Antrieb umzuwandeln verstehen. Und aufs Glatteis, auf dem Denker in seiner Nachfolgeschaft ausgeglitten sind, hat er sich stets und ständig begeben.

Im »Trost für Anfänger« ist das Kind niemand anderer als das dergestalt maskierte Ich, das (in der dritten Person) für sich künftiges, »artistisches« Vermögen erwartet. Es verweist auf seine Einzigartigkeit, auf Verachtung für die »Allzuvielen«, hier als Schweine apostrophiert, die in späteren Schriften zu »demokratischen Heerdenthieren« ernannt werden. Noch aber ist das Kind am Beginn seiner Karriere reglos und hilflos und in scheinbarer Ungewißheit, ob es überhaupt jemals stehen und gehen könne – bald schon soll es dem Publikum etwas vortanzen, daß diesem Hören und Sehen und vor allem die Gemütlichkeit vergehen wird. Ist der Kopfstand nicht bereits andeutungsweise die Umwertung aller Werte, die Abkehr von tradierter Moral, vom Christentum, von der Humanität, die nach 1933 von den Nazis im Sinne Nietzsches das Pejorativ »Humanitätsduselei« erhält? Was der Nietzsche-Biograph Safranski dem Philosophen zuschreibt, nämlich daß er das »Wohlwollen ohne Ansehen der Person« durch das Prinzip der Begünstigung des singulären Gelingens von Lebensentwürfen und Lebenswerken ersetze, das steckt keimhaft in dem Trost-Gedicht.

Freilich: Noch ist der Kopfstand nur einer des Intellekts, der Tanz noch kein Totentanz in der Wirklichkeit. Aber in der besten aller Welten pflegt es oftmals eigentümlich zuzugehen: Das Erdachte, Ausgedachte, spekulativ Ersonnene mausert sich zur Realität.

Nie vordem waren in der deutschen Geistesgeschichte Theorie und Praxis so fatal ineinander verwoben wie im zwanzigsten Jahrhundert, das eines der Emanzipation sein sollte, doch auch das von den Rigorismen religiöser Verblendung, von den Komplexen der geplagten Psyche. Insofern erscheinen Nietzsches Tanz-Assoziationen wie die kaum verkappte Sehnsucht nach innerer und äußerer Freiheit; eine Sehnsucht, die sich beim Ausbruch der Krankheit und durch kein auferlegtes Tabu länger behindert ans Licht wagt. Man findet Nietzsche splitternackt und tanzend in seinem Zimmer. Eine Rückkehr in den nicht mehr lebbaren Urgrund des Seins, ein heilloser, kein heiliger Wahn, fast symptomatisch für alles folgende Geschehen.

RICHARD DEHMEL
MANCHE NACHT

Wenn die Felder sich verdunkeln,
fühl ich, wird mein Auge heller;
schon versucht ein Stern zu funkeln,
und die Grillen wispern schneller.

Jeder Laut wird bilderreicher,
das Gewohnte sonderbarer,
hinterm Wald der Himmel bleicher,
jeder Wipfel hebt sich klarer.

Und du merkst es nicht im Schreiten,
wie das Licht verhundertfältigt
sich entringt den Dunkelheiten,
plötzlich stehst du überwältigt.

PETER RÜHMKORF
VOM SCHLIESSLICH DOCH VERFEHLTEN ZAUBERWORT

Richard Dehmel galt um die vorletzte Jahrhundertwende neben George, Liliencron, Hofmannsthal und Arno Holz als Epochenfigur und sein nächtliches Stimmungsbild von 1896 als kanonisches Vorzeigestück aller repräsentativen Lyrikanthologien. Aber ist es überhaupt ein Stimmungsbild oder nicht viel eher eine kleine Ballade, ein Nervendrama in der Nußschale? Während der Tag sich zunehmend eindunkelt – Büchsenlicht für den impressionistischen Wahrnehmungskünstler, aber auch für mystische Grenzerfahrungen –, beginnen sich die Sinneneindrücke des Beobachters überraschend zu verinnerlichen und das Gespür für optische und akustische Außenreize einer Hellsichtigkeit der dritten Art Platz zu machen.
Das steht wortwörtlich so da und bedarf eigentlich keiner weiteren Hinzufügungen. Außer vielleicht, daß Poesie nicht von Willenserklärungen lebt, sondern von einem insgeheimen Einvernehmen zwischen Innen- und Außenwelt, und da kommt es nun darauf an – was wir spätestens seit Eichendorff wissen –, ob der Poet das angemessene, sprich allgemeinverbindliche Zauberwort wirklich trifft oder nicht.
Ja, wenn es in der dritten Zeile einfach nur hieße, »schon beginnt ein Stern zu funkeln«, dann wäre es um den Sympathiezauber vermutlich bereits geschehn und das Überspringwunder verpatzt. So heißt es aber nicht. Es heißt, be-

ziehungsreich genug, »schon *versucht* ein Stern zu funkeln«, was uns als magischer Lichtbogen zwischen einem fühlsamen Subjekt und seinem nächtlichen Gegenüber schon ganz anders zu Augen geht und uns weiteren Korrespondenzen erwartungsvoll entgegenblicken läßt.
Anders gesagt, wie man in die Welt hineinfunkt, so funkelt es zurück, und tatsächlich kommt das Gedicht aus dem Flimmern und Glimmern nun gar nicht mehr heraus. Bei verdimmendem Abendlicht und entsprechend verblassenden Lokalfarben intensivieren sich Schritt für Schritt die insgeheimen Nervensensationen, höchst effektvoll durch ein wahrhaftiges Feuerwerk an Komparativen in Szene gesetzt und durch den synästhetischen Wahrnehmungssprung »Jeder Laut wird bilderreicher« beinahe überdeutlich mit Bedeutung aufgeladen.
Die dritte Strophe wechselt nicht nur die Gangart. Sie macht uns überhaupt erst bewußt, daß wir uns nicht auf einem Jägerhochsitz befinden, sondern eine aufsteigende Horizontlinie abgeschritten haben, die in der Gipfelsilhouette eines Waldstückes dann eine kritische Grenze erreicht. Es ist jene kunstsinnig angepeilte Wendemarke, wo die locker aneinandergereihten Eindrücke oder Empfindungen vehement zur gesammelten Offenbarungswahrheit zusammenschießen: die Dunkelheit als Erkenntnisquelle eines mystischen Einvernehmens zwischen Ich und Weltall, was sowohl auf vertraute romantische Erleuchtungswunder zurückweist wie auf expressionistische Entrückungsphantasien voraus. Es ist in unserem Fall allerdings so. Wo die Vermittlung übersinnlicher Heilserfahrungen die hier immer heimlich auf der Lauer liegende Komik nicht vorausschauend einkalkuliert, geraten wir unversehens in einen sprachlichen Grenzbereich, wo die

Epiphanie uns »plötzlich« als der altbekannte und bereits parodiewürdige Kronleuchter aufgeht.
Was Gottfried Benn etwa fünfzig Jahre später vorsorglich zu vermeiden wußte, als er vergleichbare musikalische Gemütsanwallungen lieber gleich im Boxerjargon anging (»Die schlagen dein Inneres nieder / und du bleibst am Boden bis neun«) und mit der rüden Knockoutmetapher genau jenes Zauberwort traf, das Richard Dehmels biedermännisches »überwältigt« fast schon um Balkenbreite verfehlte.

FRANK WEDEKIND

XANTHIPPE

Die böse Frau Xanthippe heißt,
Die ihren Mann am Halstuch reißt.
Sie goß das volle Nachtgefäß
Hinunter über Sokrates.
Da sprach der Weise sehr verlegen:
»Aufs Donnerwetter folgt der Regen.«

GEORG WÖHRLE
DER PHILOSOPH ALS PANTOFFELHELD

Xanthippe gehört sicher zu jenen Gestalten der Antike, mit denen auch heute noch etliche Menschen auf Anhieb eine Vorstellung verbinden: die nämlich einer zänkischen, übelgesinnten oder, wie es im ersten Vers von Wedekinds Gedicht heißt, »bösen« Frau. Ihre »Erfindung« ist dem Militär und Schriftsteller Xenophon, einem Zeitgenossen und Verehrer des Sokrates, zu verdanken, der in zweien seiner Werke, den »Erinnerungen an Sokrates« und dem »Symposion«, auf das »mürrische Wesen«, die »Unverträglichkeit« der Xanthippe eingeht. Fast prophetisch läßt Xenophon einen Gesprächsteilnehmer des Symposions sogar sagen, Xanthippe sei die unverträglichste von allen Frauen, die es gibt, gegeben hat und geben wird. Wohl gab es eine »historische« Xanthippe, Ehefrau des Sokrates. Doch Xenophon – wie auch späteren antiken Autoren, die »Geschichten« über Sokrates und Xanthippe verbreitet haben – diente »Xanthippe« als sicherlich mehr oder weniger misogyn gedeutete Kontrastfigur, wesentlich, um Gleichmut wie Schlagfertigkeit des Philosophen gegenüber einer übellaunigen Frau zu bezeugen.
Die Anekdote, auf die Wedekinds Verse von 1878 zurückgehen, ist am ausführlichsten von dem kaiserzeitlichen Philosophiehistoriker Diogenes Laertios (3. Jh. n. Chr.) innerhalb des Abschnittes über Sokrates erzählt. Von einem »Nachtgefäß« ist allerdings hier nicht die Rede. Es heißt nur, Xanthippe habe Sokrates einst beschimpft und ihn

dann noch (mit Wasser) übergossen. Worauf Sokrates bemerkte, er habe immer gesagt, daß Xanthippe, wenn sie donnere, auch Regen bringe.
Wedekind mag die anschauliche Weiterung »Nachtgefäß« in einer Wiedergabe der Anekdoten bereits gelesen oder sie auch selbst erfunden haben. Jedenfalls formt er die Anekdote in einer Weise, die durchaus bereits Tendenzen seines späteren Schaffens erkennen läßt. Dazu gehören formal die kunstlose Dreigliedrigkeit der Strophe in jambischen Vierhebern und damit verbunden der schlichte Ton des Bänkelsangs oder der Moritat. Als »Ballade« bezeichnet denn auch der Vierzehnjährige sein Produkt auf dem Manuskript und weist damit die Richtung, die diese Gattung, durch Wedekind wesentlich beeinflußt, im 20. Jahrhundert über Brecht bis hin zu Biermann genommen hat.
Mag sein, daß in den Versen auch Biographisches steckt: die elterliche Ehe, die, wie ein Biograph schreibt, »sich vor den Augen der Kinder als tägliche Katastrophe abspielt«. Wichtiger aber ist, wie sich in diesem kurzen Gedicht bereits der vom Dichter der Lulu in allen Bereichen seines Werkes immer wieder zum Ausdruck gebrachte Konflikt zwischen Natur und Gesellschaft, zwischen emotionaler Sinnlichkeit und intellektuell verbrämter Moral andeutet. Die in den ersten beiden Versen gewählte Gegenwartszeit enthebt dabei Xanthippe gewissermaßen des historischen Rahmens. »Xanthippe« wird zur Metapher der »bösen Frau«, die durch ihr Verhalten ihre Natur ausleben kann und dadurch ganz im Gegensatz zur im »Halstuch« symbolisierten bürgerlichen Konvention des ausgehenden 19. Jahrhunderts steht.
So ist »Xanthippe« in Wedekinds Gedicht nicht nur eine

bloß negative Folie zur Beurteilung des Sokrates wie bei den antiken Autoren. Oder eine eher neutrale wie bei Brecht, dessen »Xanthippe« in der entsprechenden Strophe des »Alfabets« von 1934 vergleichsweise blaß bleibt: »Xanthippe sprach zu Sokrates: / ›Du bist schon wieder blau.‹ / Er sprach: ›Bist du auch sicher dess'? / Kein Mensch weiß was genau.‹ / Er gilt noch heut als Philosoph / Und sie als böse Frau.« Während es bei Brecht wohl in erster Linie um einen ironischen Seitenhieb auf den Mythos Sokrates geht, wird bei Wedekind im Kontrast zwischen der derb handelnden Xanthippe und dem »sehr verlegen« antwortenden und nicht nur mit Wasser übergossenen Philosophen vielmehr der Glaube an eine Überlegenheit des männlichen Intellekts demontiert. Kaum zufällig scheint dabei die »weibliche« Kadenz des letzten Reimpaars im Gegensatz zur »männlichen« der beiden vorhergehenden.

FERDINAND HARDEKOPF
ANGEBINDE

Ich stell dir hin die blassen Herbstzeitlosen,
Den letzten Schierlingszweig trag ich herbei
Und will, Canaille, wieder mit dir kosen,
Wie im Zigeunerkraut am dritten Mai.

Den Taumel-Lolch, dies nette Giftgetreide,
Den zarten Schwindelhafer rupf ich aus
Und winde dir, infame Augenweide,
Aus Hundstod und aus Wolfsmilch einen Strauß.

Im Fingerhut das reichliche Volumen
Digitalin (mein Herz, du kennst es schon),
Das pflück ich dir und Belladonna-Blumen
Und Bittersüß und dunkelroten Mohn.

Kennst du des Bilsenkrautes böse Gnaden?
Der Beeren Scharlachglanz am Seidelbast?
Und die Betäubung, dreimal fluchbeladen,
Die stachlig die Stramin-Frucht in sich faßt?

So nimm sie hin, die blühenden Narkosen,
Aus Nacht und Haß ein Duft-Arrangement,
Und stell es zwischen deine Puderdosen
Und die Parfumflacons von Houbigant.

PETER HÄRTLING
SIND ES DOCH DIE RESEDEN?

Diese Strophen habe ich, seit Jahren, mit Hall, Echo und Gesang im Ohr: dreistimmig. Da ruft einer mit List und Laune aus der Bar ins bürgerliche Wohnzimmer und räumt den Tisch ab. Auf dem standen allerdings keine »blassen Herbstzeitlosen«, sondern »duftende Reseden«.
Ferdinand Hardekopf war, als er 1920 dieses Chanson auf den Rausch und auf die Liebe schrieb und mit ihm zugleich die Travestie eines Lieblingsgedichts mehrerer Generationen, kein aufmüpfiger Jüngling mehr. Der Erste Weltkrieg war vorüber, der Kaiser gestürzt, es wurde geputscht, die Demokratie versuchte sich in ihren ersten Reden, die der Reichstagsstenograph von ehedem mit geschultem und empfindlichem Ohr hörte. Bis 1916 hatte Hardekopf, ein Virtuose der Gabelsberger Kurzschrift, im Reichstag gearbeitet, ehe er sich, ein radikaler Pazifist, in die Schweiz absetzte.
Wieder in Berlin, spielt er erst einmal mit, gründet mit Rosa Valetti das Kabarett »Größenwahn«, versammelt Freunde in Cafés und Bars, zieht es aber immer öfter vor, für sich zu bleiben. Allein, bei einem Cocktail, im Anblick einer Schönen am anderen Ende der Theke, könnte ihn der Lockruf erreicht haben, dieses Lied ohne Worte, das der gelangweilte Pianist anspielt, dessen Text Hardekopf freilich kennt, ein Gedicht, das sich mit seiner Oldenburger Jugend verbindet, einem bürgerlichen Zuhause. Die Mama pflegte, wenn sie einen Strauß in der Vase ordnete, nicht

ohne leise Ironie ein Gedicht aufzusagen, das sie auch singen konnte, denn Richard Strauss hatte es vertont.
Nun spricht, nun singt es der Sohn in der Bar. Ein wunderbar triviales Lied. Gedichtet von Hermann von Gilm: »Stell auf den Tisch die duftenden Reseden, / Die letzten roten Astern trag herbei, / Und laß uns wieder von der Liebe reden, / Wie einst im Mai.«
In einer heineschen Anwandlung nimmt sich Hardekopf des Liedes an. »Vergiftet sind alle meine Lieder.« Er vergiftet es mit dem Geist der Zeit. Aus der getragenen Aufforderung – Gilm nannte sein Gedicht »Allerseelen« – wird ein zynisches: »Ich stell dir hin die blassen Herbstzeitlosen.« Es könnte wieder die Dame am anderen Ende der Bar sein, die er, jetzt ein Kavalier ohne Gnade, »beschenkt« mit den »Blumen des Bösen«, mit Wolfsmilch und Fingerhut, mit Bilsenkraut, Belladonna und Mohn, jenen »blühenden Narkosen«, ein »Duft-Arrangement aus Haß und Nacht«. Was von ihr, der das »Angebinde« gilt, bleibt, ist ein Abziehbild: Garçonne der zwanziger Jahre mit gelacktem Bubikopf, in einem untaillierten Kleidchen und mit einer Zigarettenspitze, mit der sich spielen, dirigieren läßt: zum Beispiel dieses verruchte Chanson.
Es wirkt noch immer. Auch meine Mutter hat gelegentlich Richard Strauss gesummt, wenn sie eine Vase mit Bedacht aufstellte. Ich lese, höre Hardenkopfs Strophen als einen klirrenden Abschied. Jede Epoche findet ihr Lied. Es hält ihn nicht mehr lange in Berlin. Er kehrt zurück in die Schweiz, gemeinsam mit der Schauspielerin Sita Staub, die diesen empfindsamen und immer leiser werdenden Mann ein Leben lang schützt. 1921 erscheint bei Kurt Wolff sein einziges Lyrikbändchen mit dem für ihn kennzeichnenden Titel »Privatgedichte«.

Aus der Schweiz zieht er nach Frankreich, nach Paris, schreibt an einem großen philosophischen Werk, »Die Dekadenz der deutschen Sprache«, das er in einem Koffer aufbewahrt, den er von Ort zu Ort schleppt. Als Hitler die Macht antritt, werden er und Sita staatenlos. Er übersetzt, vor allem André Gide, aber auch Ramuz, Malraux, Zola, Maupassant. Nach dem Einmarsch der deutschen Truppen kommen er und Sita ins Lager. Gide und anderen einflußreichen Gönnern gelingt es, daß sie »freigelassen« werden und sich im unbesetzten Frankreich verstecken können. Bei dieser Flucht geht der Koffer mit dem Manuskript verloren.

Nach dem Krieg darf das Paar auf Betreiben von einflußreichen Freunden wieder in die Schweiz. Hardekopf, erschöpft und gebrochen, besteht darauf, ein Staatenloser zu bleiben. Auch als ihm ein neuer deutscher Paß angetragen wird. Er weiß, weshalb. Während der Flucht beobachtete er in Nizza, wie sich ein zehnjähriges jüdisches Mädchen aus dem Fenster stürzte, als seine Eltern von der Gestapo abgeholt wurden.

Sind es nun doch die Reseden?

1954 starb er im Alter von 78 Jahren in Zürich. Von einem Freund verabschiedete er sich mit dem Satz: »Erlauben Sie, daß ich still bin.«

ERNST STADLER
ANREDE

Ich bin nur Flamme, Durst und Schrei und Brand.
Durch meiner Seele enge Mulden schießt die Zeit
Wie dunkles Wasser, heftig, rasch und unerkannt.
Auf meinem Leibe brennt das Mal: Vergänglichkeit.

Du aber bist der Spiegel, über dessen Rund
Die großen Bäche alles Lebens geh'n,
Und hinter dessen quellend gold'nem Grund
Die toten Dinge schimmernd aufersteh'n.

Mein Bestes glüht und lischt – ein irrer Stern,
Der in den Abgrund blauer Sommernächte fällt –
Doch deiner Tage Bild ist hoch und fern,
Ewiges Zeichen, schützend um dein Schicksal hergestellt.

BARBARA FRISCHMUTH
AUSEINANDERSETZUNG ZWISCHEN ICH UND ICH

Diese »Anrede« des früh verstorbenen Ernst Stadler, der von 1883 bis 1914 lebte, gehört zu den Gedichten, die mich vom Augenblick der ersten Lektüre an durchs Leben begleitet haben. Ich setzte es in den Mittelpunkt einer Erzählung namens »Otter«, die Mitte der achtziger Jahre auch verfilmt wurde, dennoch läßt sich nur sehr schwer in Prosasätze fassen, was es mir bedeutet.
Gewiß ist, daß ich dieses Gedicht immer als große Wasser-Metapher gelesen habe, so als sei es selbst ein Fluß, der Fluß der Poesie, in dem das sich an der Sprache abarbeitende, doppelgängerische Ich an seine Grenzen stößt. Denn es liest sich nun einmal wie die Auseinandersetzung zwischen ich und ich, einem menschlich verzweifelnden und einem poetisch erhabenen Ich, wobei das erhabene (hoch und fern, ewiges Zeichen) mit der Kraft der Worte herbeigewünscht, -geschrieben, -gezaubert werden soll.
Der Anspruch ist ein hoher, um nicht zu sagen ein vermessener. Allein die mittlere Strophe »Du aber bist der Spiegel, über dessen Rund / Die großen Bäche alles Lebens geh'n« zeugt von der Überhöhung des innewohnenden Gegenparts. »Der Freund des Künstlers« lautete der ursprüngliche Titel dieses Gedichts, und daß er schließlich weggefallen ist und zur »Anrede« wurde, hat wohl den guten Grund, daß man im Angeredeten den Dichter in Form eines Wunschbildes von sich selbst sehen darf. Und welch schreibender dichtender Mensch wünschte sich nicht, aus

»quellend gold'nem Grund die toten Dinge schimmernd aufersteh'n« zu lassen und sei es in den Köpfen seiner Zuhörer, seiner Leser.
Andererseits zeugt die bedingungslose Hingabe an die starken Gefühle, von denen in der ersten Strophe die Rede ist, zugleich von der Angst, dem Empfinden ausgeliefert zu sein, eine Angst, die sich in der wunderbar ungewöhnlichen zweiten Zeile »Durch meiner Seele enge Mulden schießt die Zeit« erkennbar Ausdruck verschafft, um bald darauf, nämlich in der vierten Zeile, beim Stigma alles Lebendigen, der Vergänglichkeit, anzukommen.
In der dritten Strophe werden dann die beiden antithetischen Dichterwesen in eins gefaßt. Der »irre Stern« deckt sich mit dem »ewigen Zeichen«, das nur scheinbar, weil das menschliche Auge es eben so will, »in den Abgrund blauer Sommernächte fällt« und doch auf unübersehbare Weise als hohes, fernes Bild wieder aufgeht. Ohne das Glühen und Brennen, das Schreien und Verlöschen wüßte der Spiegel nichts zu zeigen, und nur was vergänglich ist, kann auferstehen. So bedingen sich Anredender und Angeredeter auf existentielle Weise. Auch kann nur schimmern, was von einem »gold'nen Grund« erhellt wird. All das und wahrscheinlich viel mehr läßt sich zu recht aus dem Gedicht »Anrede« herauslesen, aber es hat einen anderen Grund, warum es Teil meiner privaten Sammlung von unentbehrlichen Gedichten ist. Formal gesehen, gehört es nicht zu den für Stadler so charakteristischen Langzeilen-Gedichten, obgleich es – 1911 geschrieben – ebenfalls aus der Sammlung »Der Aufbruch« stammt. Es besteht aus drei vierzeiligen Strophen mit dem Reimschema a-b, a-b. Einfacher und unmoderner könnte es gar nicht zugehen. Dennoch kenne ich wenige Gedichte von solch sprachli-

cher Vollkommenheit. Man versuche nur einmal, dieses Gedicht laut zu lesen, und sogleich wird sich eine überwältigende Melodie einstellen, eine Melodie, die für sich etwas bedeutet, unabhängig vom Sinn der verwendeten Wörter.

GOTTFRIED BENN
SAAL DER KREISSENDEN FRAUEN

Die ärmsten Frauen von Berlin
– dreizehn Kinder in anderthalb Zimmern,
Huren, Gefangene, Ausgestoßene –
krümmen hier ihren Leib und wimmern.
Es wird nirgends so viel geschrien.
Es wird nirgends Schmerzen und Leid
so ganz und gar nicht wie hier beachtet,
weil hier eben immer was schreit.

»Pressen Sie, Frau! Verstehn Sie, ja?
Sie sind nicht zum Vergnügen da.
Ziehn Sie die Sache nicht in die Länge.
Kommt auch Kot bei dem Gedränge!
Sie sind nicht da, um auszuruhn.
Es kommt nicht selbst. Sie müssen was tun!«
Schließlich kommt es: bläulich und klein.
Urin und Stuhlgang salben es ein.

Aus elf Betten mit Tränen und Blut
grüßt es ein Wimmern als Salut.
Nur aus zwei Augen bricht ein Chor
von Jubilaten zum Himmel empor.

Durch dieses kleine fleischerne Stück
wird alles gehen: Jammer und Glück.
Und stirbt es dereinst in Röcheln und Qual,
liegen zwölf andere in diesem Saal.

CLAUS-ULRICH BIELEFELD
HINTER EINER MASKE AUS KÄLTE UND ABWEHR

Eine Ansicht des Schreckens: Hier wird geboren, als ginge es ans Sterben. Scharf ausgeleuchtet ist die Szenerie, wer einmal seinen Blick darauf gerichtet hat, kann nicht mehr wegschauen und wird in den Bann des Geschehens gezogen. Der Betrachter, der Autor, demonstriert zunächst kühl das Geschehen, will der Gewalt der Situation standhalten und sich nicht überwältigen lassen – und kann doch seine Gefühle des Mitleidens nur schwer bändigen. Aus diesem Zwiespalt von erzwungener Kälte des Blicks und mühsam unterdrückter menschlicher Wärme wächst die Kraft und düstere Schönheit dieses Gedichts – und der anderen acht Gedichte, die Gottfried Benn im März 1912 als lyrische Flugschrift unter dem Titel »Morgue« veröffentlicht hatte.

Diese Gedichte waren Donnerschläge, jedes für sich eine höhnische Provokation, wilde Gesänge auf die Kreatürlichkeit und Hinfälligkeit des Menschen, Illustrationen eines später von Benn geprägten Worts: »Die Krone der Schöpfung, das Schwein, der Mensch.« Wer aber war der »Höllenbreughel«, wie ihn ein Zeitgenosse titulierte? Ein sechsundzwanzigjähriger Mediziner, der die »Pepinière«, die Akademie für das militärärztliche Bildungswesen in Preußen, absolviert hatte und sich in Kleidung und Habitus als Bürger präsentierte. Spöttisch erinnerte er sich später, daß man ihm den Ruf eines »infernalischen Snobs« anhängen wollte, »während ich auf den Kartoffeläckern der Uckermark die Regimentsübungen mitmarschierte«.

Zuvor hatte er im Moabiter Krankenhaus in Berlin einen Sektionskurs mitgemacht, und an diesem Ort müssen sich quälende Bilder gesammelt und schließlich zum Ausbruch gedrängt haben. Benn schilderte die Entstehung von sechs der neun »Morgue«-Gedichte als schöpferische Gnade und außerbewußten Akt. Um die gleiche Stunde hätten sich die Gedichte heraufgeworfen: »Als der Dämmerzustand endete, war ich leer, hungernd, taumelnd und stieg schwierig hervor aus dem großen Verfall.«

Der große Verfall, beschworen wird er in diesem Gedicht am Beginn der menschlichen Existenz, im »Saal der kreißenden Frauen«. Hoffnung gibt es an diesem Ort nicht, geboren wird unter dem Zeichen der Verdammnis zu Armut und Leid. Es ist fast ein biblischer Ton, den der Pfarrerssohn Benn hier anschlägt, doch leuchtet in diesem Gedicht keine Erlösung jenseits des irdischen Jammertals auf. Schroff ist der Gestus der ersten Strophe, hart wird die Unabänderlichkeit der Situation konstatiert, und es scheint nicht wenig verwunderlich, daß sich die Verse – stockend und widerstrebend – zu Reimen fügen.

Gegen die unartikulierten Schreie und das Wimmern der Frauen werden in der zweiten Strophe die Worte eines Arztes gesetzt: Kurz angebunden ist er, gelangweilt, abgestoßen, kalt. Das alles hat er schon zu oft gesehen, den Gestank von Urin und Kot schon zu oft eingeatmet. In einer Mischung aus Gleichgültigkeit und Zynismus erwartet er die Geburt. Er wird sich nicht bemühen, vielmehr: »Sie müssen was tun!«

Als könnte er diese Zustandsschilderung nicht ertragen, setzt Benn in den beiden folgenden, kürzeren Strophen Gegenbilder, in denen christliche Überlieferung aufgehoben ist: Selbst dieses armselige Erdenwurm, das gerade geboren worden ist, ist einzigartig und unvergleichlich. Wie ein Königskind, wie Christus wird es gesalbt, wenn auch nicht mit feinen Ölen. Auch für dieses »Stück« Mensch erklingt ein »Chor von Jubilaten«. Und ist es Zufall, daß an diesem Ort zwölf Kinder geboren worden sind? Die Zwölf: eine magische Zahl, eine biblische Zahl. In der Mystik signalisiert die Zwölf Vollkommenheit und Gelingen, in der Bibel gibt es die zwölf Apostel. In diesem weiten Erinnerungs- und Assoziationsraum bewegt sich Benns Gedicht.

Und obwohl es vom Beginn des Lebens spricht, steht es in der großen abendländischen Tradition des »Memento mori«: Es kündet von Schmerz und Vergänglichkeit der menschlichen Existenz. Benn scheut dabei vor Härte und Brutalität in der Darstellung nicht zurück – und zeigt zugleich eine Zartheit gegenüber dem Leben, die gerade deshalb ergreift, weil sie sich hinter einer Maske aus Kälte und Abwehr zu verbergen sucht.

KURT SCHWITTERS
BASEL

Es geht ein Bischen rauf,
Es geht ein Bischen runter,
Dazwischen fliesst der Rhein,
Grün soll sein Wasser sein.
Wenns regnet, stürmt und schneit,
Dann ist es braun,
Braun anzuschaun.
Verhältnismässig drückend föhnt der Föhn;
Es brodelt tief im Grunde;
Darüber eine Stadt,
Die Basels Namen trägt
Und hat.
Dort lint es Böck
Dort beint es Hol,
Es waldet Grün
Und Witzt.
Der Ritter sticht den Wurm
Am Turm.
Der Bruder holzt,
Viel Speere und ein Zahn.
Die Kirche aus Cement
Ist Mosers hohe Zeit.
Es brennt,
Wenns brennt,
Im Kleid.
Mann,

Sei gescheit!
Der Frauen holder Chor
Lächelt dem Tor.
Mann,
Sieh Dich vor!

GERHARD SCHAUB
DORT LINT ES BÖCK, DORT BEINT ES HOL

Ins literarische Gedächtnis der Nachwelt hat sich Kurt Schwitters vor allem durch Collagetexte wie die berühmte »Anna Blume« und durch abstrakte Lautdichtungen wie die »Ursonate« eingeschrieben. In diesen und anderen experimentellen, auf Sinn und Bedeutung verzichtenden Texten ist es Schwitters gelungen, das zunächst in der Malerei erprobte Gestaltungsprinzip »Merz« (Collage, Abstraktheit, Verwendung grundsätzlich aller Materialien) von der bildenden Kunst auf die Literatur zu übertragen.

Aber neben solch innovativen, für ihn charakteristischen Texten hat der Merzdichter auch eher traditionelle Gedichte verfaßt, die freilich den experimentierenden Sprachkünstler nie ganz verleugnen. Ein Beispiel für diese bisher vernachlässigte Seite seines lyrischen Schaffens ist die sprachspielerisch verschlüsselte Hommage an Basel, ein anspielungsreiches Stadt- und Gelegenheitsgedicht, das sich fast Zeile für Zeile entschlüsseln läßt.

Die ersten zwölf Verse beschreiben die Stadt Basel nach Art eines Prospekts zuerst topographisch, dann meteorologisch und zuletzt geologisch: Basel ist auf erdbebengefährdetem Untergrund erbaut. Dabei werden Blick und Aufmerksamkeit von der Erdoberfläche aufs Wasser und in die luftige Höhe des Wetters, dann ins brodelnde Erdinnere und schließlich wieder zurück auf die Stadt Basel gelenkt.

Im Mittelteil des Gedichts werden bedeutende Künstler

und Kunstwerke der Stadt sowie zwei Repräsentanten des Basler Kulturlebens aufgerufen. Außer den vier im Basler Kunstmuseum mit zahlreichen Hauptwerken vertretenen Malern Konrad Witz, Matthias Grünewald, Hans Holbein d. J. und Arnold Böcklin, deren Namen Schwitters zerlegt, um aus ihren Bestandteilen neue Verben und ganze Sätze zu bilden, werden zwei Werke der sakralen Skulptur und der modernen Architektur in Basel namhaft gemacht: das steinerne Reiterstandbild des heiligen Georg mit dem Drachen, das links vom Hauptportal des Basler Münsters am Georgsturm postiert ist, und die von 1925 bis 1927 von dem Schweizer Architekten Karl Moser in Eisenbeton erbaute Antoniuskirche in Großbasel, eine der ersten Sichtbetonkirchen der Welt und zugleich ein markantes Zeugnis des »Neuen Bauens«.

In die Beispiele aus Malerei, Skulptur und Architektur sind zwei versteckte Anspielungen auf Basler Kunstsammler und Mäzene eingestreut. Die erste (»Der Bruder holzt«) betrifft den Basler Sammler, Zahnarzt und Professor der Zahnheilkunde Oskar Müller-Widmann (1887 bis 1956), der mit seiner Familie im Basler Stadtteil »Bruderholz« wohnte. Der vielleicht durch die Lanze des »Ritters« Georg angeregte Vers »Viel Speere und ein Zahn« bezeichnet metaphorisch die der Extraktion von Zähnen dienenden »Marterwerkzeuge« des Zahnarztes. Beiläufig artikuliert hier Schwitters, der immer wieder Kummer mit seinen Zähnen hatte und sich im Dezember 1935 von Oskar Müller behandeln ließ, seinen Horror vor zahnärztlichen Eingriffen.

Die zweite, das brennende Kleid betreffende Anspielung ist auf die bekannte Basler Mäzenin, Kunstsammlerin und -förderin Maja Sacher (1896 bis 1989) gemünzt. Nach einer noch heute in Basler Kunstkreisen mündlich kursierenden Anekdote hatte sie eine Vorliebe für schöne Kleider, die sie sich von dem Basler Couturier Fred Spillmann anfertigen ließ. Bei manchen Kleidern der starken Raucherin kam es zu Brandflecken, die Spillmann durch Retouchen modeschöpferisch beseitigte.

Wer mit dem im Schlußteil des Gedichts wiederholt apostrophierten »Mann« und den lächelnden »Frauen« gemeint ist, läßt sich nicht leicht entschlüsseln. Möglich, daß sich Schwitters hier an sich selbst als »Mann« wendet, wobei er den *Homme à femmes* in sich auffordert, vor den verführerisch lächelnden Frauen der Basler Kunstszene auf der Hut zu sein. Den Anstoß zu dieser Selbstapostrophierung könnte er von der auf der rechten Seite des Hauptportals des Basler Münsters plazierten Statue einer »törichten Jungfrau« bekommen haben; die lächelt dem ihr gegenübergestellten »Fürsten der Welt« zu, der wegen seines Gesichtsausdrucks als »Tor« fehlinterpretiert werden kann.

Entstanden ist das Gedicht im Dezember 1935, als sich Schwitters, der in seiner Heimat als »entarteter« Künstler diffamiert wurde, elf Tage in Basel aufhielt. Als poetisches Resultat dieses Aufenthalts ist das autobiographische Stadt- und Gelegenheitsgedicht zugleich als ein kleiner lyrischer Basel-Baedeker zu lesen, der auf versteckte Weise freilich auch politisch Brisantes zur Sprache zu bringen scheint: Die angeblich wetterbedingte »braune« Färbung des Rheins (Vers 4 ff.) – das »Braun anzuschaun« (Vers 7) ist ein Zitat aus Morgensterns Gedichtband »Palma Kunkel« – läßt sich als Hinweis auf faschistische Umtriebe auf Schweizer Boden in den dreißiger Jahren verstehen, gab es doch nach 1933 selbst im »roten« Basel frontistische, mit dem Nationalsozialismus sympathisierende Gruppierungen und Organisationen. Das »Basel«-Gedicht ist eine originelle und dabei nicht unkritische Huldigung der deutschen Exilliteratur an die nach 1933 keineswegs emigrantenfreundliche Schweiz.

GEORG HEYM
FRÖHLICHKEIT

Es rauscht und saust von großen Karussellen
Wie Sonnen flammend in den Nachmittagen.
Und tausend Leute sehen mit Behagen,
Wie sich Kamele drehn und Rosse schnelle,

Die weißen Schwäne und die Elefanzen,
Und einer hebt vor Freude schon das Bein
Und grunzt im schwarzen Bauche wie ein Schwein,
Und alle Tiere fangen an zu tanzen.

Doch nebenan, im Himmelslicht, dem hellen,
Gehen die Maurer rund, wie Läuse klein,
Hoch ums Gerüst, ein feuriger Verein,
Und schlagen Takt mit ihren Maurerkellen.

ULRICH GREINER
DER TANZ DER DINGE

Elefanten reimen sich auf Tanten, aber nicht auf Tanzen. Georg Heym, den wir auch als den apokalyptischen Sänger der modernen Stadt kennen, scheint hier von einer geradezu Morgensternschen Unbekümmertheit ergriffen. Morgensterns »Lattenzaun« zum Beispiel endet mit den Zeilen: »Der Architekt jedoch entfloh / nach Afri- od-Ameriko.« Ebenso reimbrecherisch erfindet Heym die Elefanzen, damit sie tanzen.

Zwischen beiden gibt es seltsame Verwandtschaften, sie studierten Jura und starben jung, Morgenstern mit 42 Jahren, Heym gar mit 24 (Schlittschuh laufend auf der Havel versank er im Eis), und sie schrieben ihre berühmten Gedichte etwa zur selben Zeit, um 1910, 1911 herum. Es muß ein verrückter, ein großer Augenblick gewesen sein. Etwas lag in der Luft, ein Brausen vielleicht, ein Duft, gemischt aus Flieder und Benzin. Die Gedanken delirierten, Furcht und Kühnheit befeuerten einander. Es war eine kurze Zeit, es war die »Menschheitsdämmerung«, wie Kurt Pinthus seine Anthologie expressionistischer Lyrik nannte. Es gibt keine literarische Epoche, deren Anfang so auf den Tag genau zu datieren ist wie die des Expressionismus, und sie beginnt mit den Zeilen »Dem Bürger fliegt vom spitzen Kopf der Hut«. So das »Weltende« des Jakob van Hoddis, und vier Jahre später kam etwas, was ziemlich danach aussah, der Krieg.

Hier aber, in Heyms Gedicht »Fröhlichkeit«, ist davon

nicht die Rede. Die alte Ordnung ist noch da, noch gibt es einen Jahrmarkt mit Karussell und Schwänen und Rossen, noch Maurer, die oben auf dem Gerüst ihrer Arbeit nachgehen. Aber schon beginnen die Verhältnisse zu tanzen. Die ganze Welt, so heißt es zu Beginn, ist ein einziges Karussell, sie rauscht und saust und wird zum Juxplatz, und das tote, bunte Holz der Tiere auf dem Karussell erwacht zum Leben – ein heiterer, ein verrückter, gespenstischer Vorgang, der auch die Kosmologie erfaßt, denn die Sonnen flammen, der schließlich sogar die rationale Welt der Arbeit erfaßt, denn die Maurer werden zum feurigen Verein, vergessen ihren Auftrag und benutzen ihre Kellen als Schlagzeug.

Die Welt ist aus den Fugen, aber keiner scheint es zu bedauern. Man sieht es mit Behagen, es ist zum Lachen, man grunzt wie ein Schwein. Im hellen Himmelslicht erscheint alles gestochen scharf, sogar die läusekleinen fernen Maurer. Ein schönes Bild, ein Bild der Fröhlichkeit. Die Fröhlichkeit aber transzendiert die vorgefundene Banalität einer Stadt und ihres Jahrmarktes. »Mein Gott – ich ersticke noch mit meinem brachliegenden Enthousiasmus in dieser banalen Zeit«, notierte Georg Heym am 15. September 1911, ziemlich genau zu jener Zeit, da er dieses enthusiastische Gedicht schrieb. Die Verhältnisse: sie tanzten zuallererst in den Köpfen derer, die nicht stumpf genug waren, um zu übersehen, daß sie nicht mehr haltbar waren.

In diesem Gedicht beginnt der Tanz in der Sprache. Noch bewegt sie sich in den vertrauten, überlieferten Formen, bedient sich des umarmenden Reims (a-b-b-a), berauscht sich am dreifachen »au« in »rauscht« und »saust« und »tausend«, vertraut also der alten Magie. Aber schon tanzen die Elefanzen, reimen sich unrein »Karussellen« auf

»schnelle«, und einigermaßen unklar ist, wer da vor Freude das Bein hebt und grunzt: der Schwan oder der Elefant, das Roß oder das Kamel – oder gar einer der tausend Leute. Und schon schneidet in dieses Bild die moderne, himmelstürzende Perspektive, die steil hinauf in den Himmel geht und die Sonnen und die Maurer und das Karussell jählings in eins zusammenzieht.

Weshalb schreibt jemand Gedichte, weshalb lesen wir sie? Vielleicht doch auch, um die Zeit zu stoppen, ihren Lauf im bewegenden erhellenden Augenblick auf einmal anzuhalten, damit wir erkennen, was war, was ist.

KURT TUCHOLSKY
DANACH

Es wird nach einem happy end
im Film jewöhnlich abjeblendt.
  Man sieht bloß noch in ihre Lippen
  den Helden seinen Schnurrbart stippen –
  da hat sie nu den Schentelmen.
    Na, un denn –?

Denn jehn die beeden brav ins Bett.
Na ja . . . diß is ja auch janz nett.
  A manchmal möcht man doch jern wissn:
  Wat tun se, wenn se sich nich kissn?
  Die könn ja doch nich imma penn . . .!
    Na, un denn –?

Denn säuselt im Kamin der Wind.
Denn kricht det junge Paar 'n Kind.
  Denn kocht sie Milch. Die Milch looft üba.
  Denn macht er Krach. Denn weent sie drüba.
  Denn wolln sich bede jänzlich trenn . . .
    Na, un denn –?

Denn is det Kind nich uffn Damm.
Denn bleihm die beeden doch zesamm.
  Denn quäln se sich noch manche Jahre.
  Er will noch wat mit blonde Haare:
  vorn doof und hinten minorenn . . .
    Na, un denn –?

Denn sind se alt.
                Der Sohn haut ab.
Der Olle macht nu ooch bald schlapp.
  Vajessen Kuß und Schnurrbartzeit –
  Ach, Menschenskind, wie liecht det weit!
  Wie der noch scharf uff Muttern war,
  det is schon beinah nich mehr wahr!
  Der olle Mann denkt so zurück:
  wat hat er nu von seinen Jlück?
  Die Ehe war zum jrößten Teile
  vabrühte Milch un Langeweile.
Und darum wird beim happy end
im Film jewöhnlich abjeblendt.

MARCEL REICH-RANICKI
DEN BERLINERN AUFS MAUL GESCHAUT

Er war schreibsüchtig. Nur hatte er nicht zuwenig, sondern zuviel zu sagen: Die ihn bedrängende Wortflut konnte er nicht eindämmen, das Mitteilungsbedürfnis kaum zähmen. Das war die Crux des Schriftstellers Kurt Tucholsky.

Zu seinem Werk gehören auch Gedichte, Hunderte, ja Tausende – vor allem Songs und Chansons, Couplets und Bänkellieder. Er verfertigte sie für Kabaretts und Revuetheater, für Illustrierte, für Witzblätter und nicht selten auch für die »Weltbühne«. Diese rasch entstandenen Verse erfreuten und amüsierten sein Publikum und ihn selber. Doch niemand nahm sie ganz ernst, er selber, glaube ich, auch nicht. Damit mag es zusammenhängen, daß sie von der Nachwelt doch wohl etwas unterschätzt werden.

Es läßt sich nicht verschweigen: Oft hat sich Tucholsky in seinen Versen mit billigen Reimen beholfen, er hat Kalauer und Witzeleien nicht verpönt, viele dieser Gedichte sind, um es milde auszudrücken, belanglos. Aber es lassen sich auch solche finden, die beweisen, daß er, der hervorragendste deutsche Feuilletonist des zwanzigsten Jahrhunderts, auch ein Kleinkunsttalent von großem Format war.

Das Gedicht »Danach« stammt aus dem Jahr 1930. Der Stummfilm hatte gerade (schon gab es den Tonfilm) seinen Höhepunkt erreicht, und damit war auch seine Verlogenheit kaum noch zu überbieten. Warum wird – fragt Tucholsky scheinheilig – nach dem Happy-End im Film gewöhnlich abgeblendet? Seine Antwort ist die Geschichte einer Ehe in fünf Strophen.

Er erzählt, was sich abgespielt hat: Erst das Glück mit Kuß und Bett, dann kommt das Kind und dann der Alltag, der trübe, der kümmerliche. Etwas Abwechslung? Nun ja, der Mann möchte noch was mit einer anderen haben, womöglich mit einer Blonden. Der Sohn verläßt das Haus. Und plötzlich sind die beiden alt und fragen sich, was denn von ihrem Glück geblieben sei. Das sagen uns die letzten vier Zeilen – und sie verdienen es, so oft zitiert zu werden wie die populären Verse unserer Klassiker.

Die Geschichte dieser Ehe wurde millionenfach erlebt, tausendfach beschrieben. Es ist ein alter, ein uralter Hut. Aber in diesem Gedicht ist sie – da schon von Klassikern die Rede war – herrlich wie am ersten Tag. Wie hat das der Tucholsky gemacht? Wie hat er es also geschafft, daß die Geschichte trotz ihrer Banalität uns gar nicht gleichgültig ist, daß sie manchen von uns sogar rührt?

Er hat gewußt, was dieses Thema am meisten gefährdet: Pathos und Sentimentalität. Um beiden zu entgehen, wählt er ein radikales Mittel der Distanzierung und der Verfremdung: Er schreibt das Ganze im Berliner Dialekt, der schnoddrig und nicht gerade vornehm ist, dafür aber den Vorzug hat, pfiffig, immer unfeierlich und höchst anschaulich zu sein.

In diesem Gedicht gibt es keinen einzigen originellen Gedanken und lauter originelle Formulierungen. Es lebt von seinem kessen und doch schwermütigen Humor und, vor allem, von seiner Sprache. Ähnlich wie Gerhart Hauptmann oder Alfred Döblin hat Tucholsky unentwegt, ob er es wollte oder nicht, dem Volk, dem Berliner Volk aufs Maul geschaut – und er hat sie alle belauscht: die Ladenverkäufer und die Straßenbahnschaffner, die Spießbürger und die Lumpenproletarier, die Muttchen und die Nuttchen. Er hat ihre Sprechweise eingefangen und sie oft in seine Verse und in seine Prosa übernommen. Die Treffsicherheit der Sprache Tucholskys zeigt schon das zentrale Bild dieses Gedichts: die »vabrühte Milch« als Symbol des eintönigen, des langweiligen, des kläglichen Alltags der kleinen Leute.

Vor vierzig Jahren habe ich Kurt Tucholsky in der »Welt« in einem Jubiläumsartikel nachdrücklich gelobt und gerühmt. Allerdings schrieb ich in diesem Artikel: »Aber ein Dichter war er nicht.« Ich glaube, das war ein Fehlurteil.

WALTER HASENCLEVER
DIE LAGERFEUER AN DER KÜSTE

Die Lagerfeuer an der Küste rauchen.
Ich muß mich niederwerfen tief in Not.
Leoparden wittern mein Gesicht und fauchen.
Du bist mir nahe, Bruder, Tod.
Verworren zuckt Europa noch im Winde
Von Schiffen auf dem fabelhaften Meer;
Durch die ungeheure Angst bricht her
Schrei einer Mutter nach dem kleinen Kinde.
Es starb mein Pferd heut Nacht in meiner Hand.
Wie hast Du mich verlassen, Kreatur!
Aus dem Kadaver steigt das fremde Land
Hinauf zu einer andern Sonnenuhr.

PETER DEMETZ
EIN ABENTEURER AUF DER FLUCHT

Den Namen Walter Hasenclever hörte ich in unserer Wohnung, ehe ich noch lesen konnte, denn mein Vater, der Dramaturg, inszenierte Hasenclevers Drama »Der Sohn« als erster auf der Bühne des Prager Landestheaters, mitten im Ersten Weltkriege. Das freute ihn sein Leben lang (denn Hasenclever hatte ihm einen langen Brief geschrieben, wie die Hauptfiguren aufzufassen wären), und die Literaturgeschichten rühmten das Stück dann als Revolutionssignal des Expressionismus. Wenn ich später, alle zehn Jahre einmal, in den Anthologien blätterte und nostalgisch auf eines von Hasenclevers Gedichten stieß, war es mir immer, als hätte ich einen sprühend elektrischen Draht berührt. Achtung, Hochspannung!

»Die Lagerfeuer an der Küste«, das im Mai 1914 entstandene erste Gedicht seiner Sammlung »Tod und Auferstehung«, hat auf den ersten Blick nichts Expressionistisches, weder Rufzeichen, Schrei noch Gemeinschaft. Der junge Hasenclever verehrte Goethe, und die Prägung des traditionellen Gedichtes, drei Strophen zu vier Zeilen, die regelmäßige Anordnung seiner Reime (alternierend, umarmend und wieder alternierend) sind, mitsamt den fünffüßigen Jamben, nicht schwer zu entziffern. Das Besondere dieses und der meisten seiner anderen Gedichte ist das dramatische, ja sprunghafte Moment einer Um- und Wiederkehr, ein entscheidender Atemzug, der das Selbst aus Zerstreuung und Not in Welt und Gesellschaft zu sich sel-

ber zurückbringt und das Gedicht, wie einen Monolog, in einem unaufhaltsamen Elan vorantreibt.
Der flüchtende Abenteurer ist eine der Gestalten des Sohnes Hasenclever, der seinem strengen Vater in die Boulevards, Freudenhäuser und in den Lärm der Börsen entweichen will, und ich stelle mir die Szene dieses Gedichtes so vor – eine Rotte von Glücksrittern, Eindringlingen, Soldateska, gelandet am Gestade eines neuen Kontinents, wie des Cortez' Leute in der Brecht-Ballade oder die Söldner im Film »Aguirre« von Werner Herzog und Klaus Kinski, aber einer hat sich von ihnen gelöst, von den »Lagerfeuern« und den »Schiffen«, als einziger von dem anderen und den anderen. Er fühlt die unmittelbare Drohung des neuen Ortes schutzlos und unmittelbar: das Fauchen im Dschungel, den Bruder Tod.
Frühere Leser des Gedichts wären versucht gewesen, von einer Grenzsituation zu sprechen, jüngere eher von einem Bewußtsein »sur l'abîme«, über einem Abgrund, in dem plötzlich die Entfernung von Europa nur noch in den Winden zuckend, die Erinnerung an eine Frau und ihr Kind durch die »ungeheure Angst« des Einsamen sichtbar wird. Die letzte Kreatur, die ihn noch mit anderen Kreaturen verknüpfte, ist tot, aber aus ihrem »Kadaver« steigt der Entschluß, das Abenteuer selbst und ganz allein zu wagen, in einem Landstrich fremder Gebirge und ganz anderer Zeiten.
Ich wünschte mir nur, die Abenteuer der Poesie und die der realen Geschichte wären nicht so unversöhnlich voneinander getrennt. Im Juni 1940 befand sich Hasenclever im südfranzösischen Internierungslager Les Milles, die Spanienkämpfer im Lager bereiteten einen gemeinsamen Ausbruchsversuch vor, komme, was da wolle, und legten

Hasenclever nahe, sich an ihrem Unternehmen zu beteiligen. Er war ohne Hoffnung, »ein trauriger Mischling« (wie er in einem späten Briefe schrieb), nicht einmal ein ganzer Jude, wollte nicht mitmachen und nahm die Dosis Veronal, die er für den letzten Augenblick aufgespart hatte.

JOHANNES R. BECHER
STEIN-GESICHT

Aus Stein war dein Gesicht, ein grau Gestein.
Die Augen Steine, schwarz und uralt-kalte.
Stein auch der Mund, auch um den Mund die Falte,
Versteinerte Gestalt – wie kann es sein.

Daß du bewegst dich, atmest, auch die Hände
Aus Stein geformt, sie greifen beinah flehend
Ins Leere, und die Worte wie an Wände
Von Felsen hallen, echogleich, verwehend.

– Ich frage ihn, den Stein, und auch er fragt
Und im Gespräch erstarrt auch mein Gesicht.
Wer von uns beiden Steinen ist's, der sagt:
»Ein Steingesicht bin ich und bist auch du!«

Und auf uns beiden widerglänzt ein Licht.
Zwei Steine lächeln sich einander zu.

HANS CHRISTOPH BUCH
VOR SCHRECK VERSTEINERT

Gute Literatur lügt nicht. Diese Aussage ist nicht so zu verstehen, daß die den Dichter inspirierende Realität unverfälscht in seinem Werk wiederkehrt oder daß die Fiktion sich auf überprüfbare Fakten reduzieren läßt – ganz im Gegenteil. Aber das gelungene Werk entlarvt die Irrtümer und Illusionen seines Autors, denn die Ästhetik ist unbestechlicher als jede Moral. Das gilt auch für dieses um die Mitte der fünfziger Jahre entstandene Sonett von Johannes R. Becher, das eine deprimierende Bilanz aus der Laufbahn des zum Parteifunktionär mutierten Dichters zieht, der als literarischer Bürgerschreck begann und als DDR-Kulturminister endete. »Laßt diesen Kelch an mir vorübergehen«, soll Brecht über Bechers staatstragende Lyrik gespöttelt haben, die expressionistisches Menschheitspathos mit stalinistischem Zuckerguß zu einem kitschigen Amalgam verschmolz und dabei vor unfreiwilliger Komik nicht zurückschreckte: »Dort wirst du, Stalin, stehn, in voller Blüte / Der Apfelbäume an dem Bodensee, / Und durch den Schwarzwald wandert seine Güte, / Und winkt zu sich heran ein scheues Reh ...«
Ganz anders das vorliegende Gedicht, das die Ideologie Lügen straft und hinter dem vermeintlichen Fortschritt den Stillstand sichtbar macht; die von der Parteipropaganda behauptete stürmische Beschleunigung der Zeit entpuppt sich als Stagnation. Steinzeit oder Versteinerung sind zentrale Metaphern für die monolithische Herrschaft

Stalins, dessen Kolossalstatuen aus Marmor oder Granit während des Ungarnaufstands im Herbst 1956 erstmals gestürzt und geschleift wurden. Becher nimmt diese Metaphern wörtlich, ähnlich wie Peter Huchel es in einem berühmten Gedicht mit Eiszeit und Vereisung getan hat, und er entdeckt beim Blick in den Spiegel, daß sein eigenes Gesicht zu Stein geworden ist.

Wie das Haupt der Medusa jeden versteinerte, der ihr zu nahe kam, verwandelt die unpersönliche Sphäre der Macht deren Träger in totes Gestein. Das ist um so irritierender, weil kein Geringerer als Marx die Entfremdung und Verdinglichung des Menschen in der kapitalistischen Gesellschaft beklagt und dazu aufgerufen hatte, die versteinerten Verhältnisse zum Tanzen zu bringen, indem man ihnen ihre eigene Melodie vorspielt. Statt dessen hat der Kommunismus eine Versteinerung bewirkt, die noch starrer als die von ihm verteufelte bürgerliche Ordnung ist: »Der Totalitarismus war schlimmer als all die Übel, die er zu bekämpfen vorgab«, schrieb Camus fast zeitgleich mit Johannes R. Bechers Gedicht.

Schon früher, in der Moskauer Emigration, hatte dieser dem Grauen des Krieges die strenge Form des Sonetts entgegengestellt, das er in seiner expressionistischen Phase als bürgerlich-klassizistisch verworfen hatte. Nach der Enthüllung von Stalins Verbrechen auf dem XX. Parteitag der KPdSU suchte Johannes R. Becher Rettung vor dem Chaos, in dem er seinen Lebensentwurf versinken sah, in der Hinwendung zur Religion, um am Ende zu konstatieren, daß er auf der ganzen Linie gescheitert war – nicht nur als Politiker, auch als Dichter und Mensch: »Du könntest der Henker deiner eigenen Jugend sein, so blickt mich dein Altersbild an, aufgeschwemmt, widerwärtig, ein Professor

Unrat« – ein bitteres Fazit, dem der Leser, anders als Bechers verlogener Propagandalyrik, aufgrund seiner Ehrlichkeit die Sympathie nicht versagen kann.
Der doppelte Schlußakkord, in den der Autor das Sonett münden und gipfeln läßt, deutet so etwas wie Versöhnung an, die nur noch im Medium der Kunst möglich ist: Die schmerzhaften Widersprüche der Realität werden dialektisch aufgehoben und poetisch transzendiert im Sinne von Goethes Vers: »Es sei wie es wolle, / es war doch so schön.«

WALTER MEHRING
DENN: ALLER ANFANG IST SCHWER

Und als er an der Reling stand,
Winkt sie, die Fackel in der Hand.
  Da küßte er dem Riesenweib
  Von fern den nebelweichen Leib
Und schaut sie an.
    Doch sie verschwand
In einer Wolkenkratzer-Wand ...

Und als er die »First Papers« nahm,
Sich brüstet als ihr Bräutigam,
Sich hart durchs neue Leben schlug,
Ihr jeden Cent nach Hause trug –
Sie schaut nicht hin, wie er sich plagt,
Und hat sich steinern ihm versagt ...

Fünf Jahre dient er um sie ab,
Schaut keine an, und lebte knapp.
  Doch als man in den Sarg ihn tat,
  Geschminkt, in seinem Hochzeitsstaat,
Da haucht sie:
    Wandre in mich ein!
Ich bin, die Freiheit, Ewig Dein ...

PETER RÜHMKORF
ÜBER DIE UNWILLKOMMENHEIT VON ZEITGEDICHTEN

Walter Mehrings Ballade von der Schwierigkeit des Neubeginnens ist ein zur Unzeit verfaßtes Zeitgedicht. Es fiel im amerikanischen Exil der Jahre 1941/42 praktisch zwischen alle politischen Raster und konnte im späteren Nachkriegsdeutschland schon gar nicht mehr auf Verständnis hoffen. Dabei gehörten Mehring-Chansons wie »Heimat Berlin« oder »Wenn wir Stadtbahn fahren« einmal zum allgemeinen urbanen Kulturbesitz, ganz zu schweigen von seinem unvergäng-/-vergeßlichen Seefahrersong »Wir haben die ganze Welt gesehn / – Die Welt war kugelrund –«. Es wurde selbst zur Nazizeit unbekümmert weitergesungen, Verfasser unbekannt, aber der Wortlaut war einfach nicht totzukriegen, was für ein Shanty fast so etwas wie ein insgeheimer Gottesbeweis ist.
Das erinnert uns an Heines »ich weiß nicht, was soll es bedeuten«. Und als Loreleylied läßt sich auch unsere kleine Moritat verstehen, obwohl ihr bekannter Zeit- und Begleitumstände wegen ein vergleichbares Echo versagt blieb. Vor den Nazis außer Landes geflohen, vom französischen Vichy-Regime eine Zeitlang in unwürdiger Haft gehalten (unwürdig zumal für das Zufluchtsland), gelingt es dem Gejagten mit soviel Glück wie Verstand, eine Passage nach Übersee zu ergattern, und da sieht er sie eines nebelgrauen Tages beinah greifbar und doch unbegreiflich vor sich: die amerikanische Freiheitsstatue, ein machtvol-

les »Riesenweib« und für einen den Hakenkreuzkrallen nur mit knapper Not entronnenen Juden »Die schönste Jungfrau ... wunderbar«.
Daß das steinerne Sinnbild womöglich nur eine fromme Sinnestäuschung ist, läßt allerdings bereits der Schluß der ersten Strophe erahnen. Dennoch geben verzweifelte Wunschvorstellungen so leicht keine Ruhe, und wo »der Schiffer im kleinen Schiffe« der Sirenenmusik seiner Schönen nur allzu willig erliegt, legt sich unser Mann erst mal richtig ins Zeug, seiner eigenen Angebeteten als honoriger Freier zu erscheinen. Aber Vorsicht, wir haben es hier mit einem Vexiergedicht zu tun, bei dem weder die »First papers« (vorläufige Einbürgerungspapiere) als reelles Heiratsgelöbnis zu betrachten noch auch die mühsam zusammengeklingelten Cents für bare Münze zu nehmen sind.
Genauer gesagt, unser Sinngedicht spricht in verschlüsselter Sprache, und statt an *money-money-money* ist wohl eher an eine immaterielle Mitgift zu denken. Dazu muß man wissen, daß Mehring wie andere deutsche Kollegen für eine Zeitlang aus einem Charity-Fonds der »Metro Goldwyn Mayer Pictures« unterstützt wurde – mit der verfänglichen Auflage, den Gedanken an Drehbücher lieber gleich zu vergessen.
Das war nun allerdings ein etwas zweifelhaftes Angebot. Beinah schon ein Knebelvertrag. Aber wo ihm schon keine ernsthaften Arbeiten abverlangt werden, besinnt sich Mehring noch einmal auf seine alten Künste und versucht sich auf fremdem Boden als Zeitdichter in Erinnerung zu bringen. Schade nur, daß er von Berufs wegen kein gelernter Preisredner ist und sich ihm partout keine Loblieder aufs Gelobte Land entringen wollen. Dagegen geraten ihm seine lyrischen Widmungsblätter immer lästerlicher, krächziger,

ungefällige, für einen Minnewerber nicht gerade die glücklichste Selbsteinführung und für einen verfolgten Dichter nur die Fortsetzung seiner Elendskarriere in die wirtschaftliche und moralische Erfolglosigkeit.

Noch einmal zurück zur »Loreley«. Was uns zwei seelenverwandte Poeten von zwei unterschiedlichen Scheiterkandidaten zu vermelden haben und was uns einerseits immer noch als verführerischer Sog des Gesanges süß zu Ohren geht, liest sich in Mehrings schneidender Kontrafaktur als unendlich traurige Weise von der Unwillkommenheit der Poesie.

Der Schluß, wie bitter er uns ankommen mag, zeigt dennoch keinerlei Anflug von Wehleidigkeit. Er gibt sich eher aufgekratzt gefaßt und fängt sich in einem Moritatenbild von diabolischer Komik. Der Hochzeitsstaat des Zeitgedichtes nur ein im Futter gewendeter Sterbekittel, das ist schon eine Pointe von überirdischem Witz, bedenklich zu Herzen gehend und zugleich noch schauerlich zum Lachen.

BERTOLT BRECHT
DER PFLAUMENBAUM

Im Hofe steht ein Pflaumenbaum
Der ist klein, man glaubt es kaum.
Er hat ein Gitter drum
So tritt ihn keiner um.

Der Kleine kann nicht größer wer'n.
Ja größer wer'n, das möcht er gern.
's ist keine Red davon
Er hat zu wenig Sonn.

Den Pflaumenbaum glaubt man ihm kaum
Weil er nie eine Pflaume hat
Doch er ist ein Pflaumenbaum
Man kennt es an dem Blatt.

WOLFGANG BRENNEISEN
EIN BENACHTEILIGTER BAUM

Dieses »Kinderlied« aus dem Jahre 1934 ist in Skovsbostrand bei Svendborg an der dänischen Küste entstanden, was in unseren Ohren so märchenhaft und idyllisch klingt wie »hinter den sieben Bergen«. So hinter dem Mond mag sich der Städter Brecht in der Tat gefühlt haben, aber andererseits war die deutsche Grenze nicht weit weg, Brecht lebte im Exil, und die Stimme des »Anstreichers« wurde immer schriller und lauter. War es da nicht etwas frivol und geradezu deplaziert, ausgerechnet ein Kinder- und Naturgedicht zu schreiben?
In den »Svendborger Gedichten«, in die »Der Pflaumenbaum« aufgenommen wurde, gibt es durchaus auch andere Texte, mit denen Brecht direkt, scharf und entschieden auf die Zeitereignisse reagierte. Und zum anderen: Er war ja auch Familienvater, Kinder waren im Haus und forderten ihr Recht, wollten nicht nur belehrt werden, sondern verlangten überdies »Vergnügungstheater«. Vielleicht hieß es einmal: Vater, komm, erzähl – nein, nicht vom Krieg, nicht von der Dialektik, nicht von der ruhmreichen Sowjetunion, nein, erzähl uns vom – Pflaumenbaum!
So setzte sich Vater Brecht an den Schreibtisch, zündete sich eine seiner billigen Zigarren an und dichtete das Kinderlied »Der Pflaumenbaum«. Wie gut ihm das gelungen ist, merkt man, wenn man es laut vorliest. Beim stillen Lesen hat man ja den Eindruck, der Dichter habe sich mit einer gewissen Wurstigkeit an seine Aufgabe gemacht, nach

der Devise: Bei den Kleinen braucht man es nicht so genau zu nehmen. Doch beim Aufsagen schnurren die Verse so munter wie ein Spielkreisel, so akkurat wie ein Abzählvers: »So tritt ihn keiner um« – und du bist dran.
Doch konnte der Dichter B. B. nicht wider seine Natur, zu kulinarisch durfte die Sache nicht sein, und so streut er in der ersten Zeile der dritten Strophe Sand ins Getriebe: Sie liest sich so schwer wie ein Zungenbrecher. Ein akkustischer Verfremdungseffekt, die stolpernde Zunge weckt den dösenden Verstand, und dieser erkennt den Sonderstatus der dritten Zeile mit ihren im Vergleich zu den entsprechenden Zeilen in den ersten beiden Strophen ungewöhnlichen vier Hebungen. Hier wird die Botschaft, die tröstliche, verkündet: ein Pflaumenbaum, trotz allem!
Es wäre für Brecht doch ein leichtes gewesen, sein Bauernhaus zu verlassen und sich in Skovsbostrand einen Pflaumenbaum zu suchen, um diesen zu bewispern. Was aber tut er? Er imaginiert einen solchen, im Qualm seiner Zigarre! Ein verkümmertes Bäumchen in einem armseligen städtischen Hinterhof – bei dieser urbanen Szenerie wurde ihm sicher warm ums Herz. Das ist keine Naturschilderung, sondern ein kleines Theaterstück, mit minimalistischer Handlung zugegebenermaßen. Das Hauptrequisit, der Protagonist ein Underdog, für den das reine Überleben eine Leistung ist, zugleich ein Repräsentant für eine ganze Klasse Unterprivilegierter. Dazu Stimmen aus dem Off, der kommentierende Chor sozusagen. Daraus hätte auch Samuel Beckett etwas machen können.
Gehört so etwas, wenn nicht in das Lesebuch für die Oberstufe, so doch ins Erbauungsbuch für Konfirmanden? Bei Brecht gilt es, auf der Hut zu sein. Der tapfere kleine Baum hat »ein Gitter drum«, ein Schutzgitter also.

Oder ist das etwa, da sich der Geschützte nicht bewegen kann – Schutzhaft? Und glaubt man nicht, in den munteren Kinderstimmen auch Überheblichkeit, Schadenfreude und Häme zu hören?

So haben wir hier, wie so oft bei Brecht, dieses merkwürdige Zwielicht, diese Uneindeutigkeit, die nicht vom Unvermögen des Dichters herrührt, sondern von der Ungewißheit des Lebens, das ja manche insgesamt als Exil verstehen und das für andere tatsächlich eines ist.

BERTOLT BRECHT
ÜBER GOETHES GEDICHT
»DER GOTT UND DIE BAJADERE«

O bittrer Argwohn unsrer Mahadöhs
Die Huren möchten in den Freudenhäusern
Wenn sie die vorgeschriebne Wonne äußern
Nicht ehrlich sein. Das wäre aber bös.

Wie schön singt jener, der das alles weiß
Von jener einzigen, um die's ihm leid war
Die für ihn auch zu sterben noch bereit war
Um den von Anfang ausgemachten Preis.

Wie streng er prüfte, ob sie ihn auch liebte!
Ausdrücklich heißt's, er hab ihr Pein bereitet ...
Sechs waren schon geprüft, doch erst die siebte

Vergoß die Tränen, als sie ihn verlor!
Doch wie belohnte er sie auch: beneidet
Von allen hob er sie am Schluß zu sich empor!

NORBERT MECKLENBURG
DIE WAHRE LIEBE UND DIE WARE LIEBE

Wer dieses Gedicht verstehen will, muß ein anderes kennen. Denn Brechts modernes Sonett kommentiert eine klassische Ballade Goethes. Diese erzählt in bezaubernd anmutigen Versen eine alte »indische Legende« nach. Der Gott Mahadöh kommt auf die Erde herab, um die Herzen der Menschen zu prüfen. Zuletzt besucht er eine Prostituierte. (Eigentlich ist eine Bajadere jedoch eine kultische Tempeltänzerin.) Als sich ihr geschäftsmäßiger Dienst an dem schönen jungen Mann in wirkliche Liebe verwandelt, prüft Mahadöh deren Echtheit, indem er sich am Morgen totstellt. Aus Schmerz über den Verlust folgt die Bajadere ihm auf den Scheiterhaufen. Doch da geschieht das Wunder: Der Götterjüngling erwacht und hebt die Geliebte mit »feurigen Armen zum Himmel empor«.

Goethes Ballade war anstößig und ist es geblieben. Den Christen empört das Auftreten Gottes als Sextourist, die gemeinsame Himmelfahrt nach gemeinsamer Liebesnacht, den Hindu umgekehrt eine Verleumdung kultischer Liebespraxis als »tiefes Verderben«, die Feministin eine extreme Ungleichheit der Rollen von Mahadöh und Bajadere, Mann und Frau. Die frommen Goetheverehrer halten sich an die – ziemlich unpassende – Schlußformel der Ballade: »Es freut sich die Gottheit der reuigen Sünder«, und finden in ihr das klassische Humanitätsideal dargestellt. Und die scheinheiligen Spießer unter ihnen beteuern, auch Prostituierte seien liebesfähig; so manche von ih-

nen habe durch spätere treue Ehe und Mutterschaft die Flecken ihres früheren Lebens getilgt.
Genau an solcher Spießigkeit hat sich Brecht zeitlebens gerieben. Als nach der Novemberrevolution junge Bohemiens in einem Augsburger Prostituiertendomizil beisammensaßen, löste einer von ihnen die Amüsierdame ab, die auf dem Tisch tanzte und anzügliche Lieder sang, und trug mit dürftigen Klampfengriffen und aufreizend krächzender Stimme ein Gedicht vor: »Der Gott und die Bajadere«. Das war natürlich der junge B. B., der den anstößigen gegen den bürgerlich vereinnahmten Goethe ausspielte. Distanzierter und einfallsreicher hat sich dann der älter gewordene Brecht der Exiljahre mit dem »klassischen Erbe« auseinandergesetzt, über das damals heftige Debatten geführt wurden. Das Goethe-Sonett von 1938 ist dafür ein markantes Zeugnis. Es gehört zu einem kleinen Zyklus literaturkritischer Sonette, der für Leser gedacht war, die »niedrige Motive noch in den erlesensten Kunstgebilden zu schätzen wissen«.
Die Sonettform bewirkt eine Verfremdung: Der Einspruch gegen den klassischen Text wird in klassischer Form und hohem Stil dargeboten. Ein komischer Widerspruch zur »niedrigen« Absicht und zum anstößigen Gegenstand. Goethes Wortzauber wird mit beißender Ironie als fauler Zauber entlarvt, seine Erzählung »bis zur Kenntlichkeit« entstellt. Der indische Gott ist nur einer »unsrer Mahadöhs«, also der Bürger, die lächerlicherweise für Geld echte Liebe erwarten. Die Serie seiner Menschwerdungen besteht nur aus Bordellbesuchen, einem erotischen Warentest, obendrein mit sadistischem Anhauch. Auch wird der Held mit dem gleichgesetzt, der da so schön von der großen Ausnahme »singt«, von der bis in den Tod liebenden

Bajadere – also mit dem Erzähler, mit Goethe. Dessen Ballade erscheint damit als bürgerliche Männerphantasie. Vom klassischen Humanitätsideal keine Spur.

Ebenso scharf wie Brecht und sehr scharfsinnig hat ein paar Exiljahre später Adorno Goethes indische Legende kritisiert. Der 112. Aphorismus seiner »Minima Moralia« schließt so: »Die Nacht hat ihre Lust, aber die Hure wird doch verbrannt. Der Rest ist die Idee.« So wenig Brecht und Adorno einander persönlich mochten, so ähnlich war damals ihr kritischer Umgang mit klassischer Literatur. Wie ihre gemeinsamen Freunde Benjamin, Eisler und Bloch wehrten sie sich einerseits gegen bürgerlichen Goethekult und nationalsozialistische Goetheverfälschung, andererseits gegen die Doktrin des kommunistischen Literaturpapstes Lukács, der in Moskau die moderne Literatur als dekadent verdammte und Goethe als Repräsentanten eines »klassischen Realismus« feierte.

Die Legende von Gott und Bajadere – realistisch? Auch daher kommt die Überschärfe der Kritik an Goethes Gedicht. In einem Selbstkommentar Brechts zu seinem Sonett aber finden wir neben dem Nein auch ein Ja zu Goethes Ballade: Sie werde einem guten Leser durch sein Sonett nicht verleidet. Denn sie kämpfe gegen Besitz- und Standesdenken in der Liebe und zeige die freie Vereinigung von Liebenden als etwas Göttliches, etwas Schönes und Natürliches. Daher sei sie so lebendig und lieblich und könne »mit Freude gelesen werden«. – Der Leser dieser Zeilen mache die Probe!

BERTOLT BRECHT
DIE WAHRHEIT EINIGT

Freunde, ich wünschte, ihr wüßtet die Wahrheit und
sagtet sie!
Nicht wie fliehende müde Cäsaren: »Morgen kommt
Mehl!«
So wie Lenin: Morgen abend
Sind wir verloren, wenn nicht . . .
so wie es im Liedlein heißt:

Brüder, mit dieser Frage
Will ich gleich beginnen:
Hier aus unsrer schweren Lage
Gibt es kein Entrinnen.

Freunde, ein kräftiges Eingeständnis
Und ein kräftiges WENN NICHT!

WOLFGANG WERTH
SOZUSAGEN ZU INNEREM GEBRAUCH

Nicht selten spricht Brecht in Gedichten deren Adressaten als »Freunde« an. So auch in dieser Buckower Elegie aus dem trüben Sommer, der dem Aufstand vom 17. Juni 1953 folgte. Doch hier wendet sich der Dichter an »Freunde«, unter denen er kaum Freunde hat: an die Mitglieder der DDR-Regierung und an die des SED-Zentralkomitees. Nur für sie soll dieses Gedicht bestimmt sein – »sozusagen zu innerem Gebrauch«, wie es in dem als Begleitschreiben verfaßten Brief an den ZK-Sekretär Paul Wandel heißt.
»Die Wahrheit einigt« gehört nicht zu Brechts großen Gedichten – aber es ist einzigartig. In der politischen Lyrik deutscher Sprache findet sich nichts, was ihm zu vergleichen wäre. Seine Vorgeschichte und sein Zweck bestimmen die poetischen Mittel und den Ton. Es ist Brechts dritter (und letzter) Versuch, die Machthaber der DDR zum dringend Notwendigen zu ermutigen: zum »kräftigen Eingeständnis« ihrer politischen Fehler und zu der Anstrengung, das Vertrauen des Volkes zu gewinnen. Wenn ihnen das nicht gelingt, hat die DDR, davon ist Brecht überzeugt, keine Zukunft. Als totalitärer Funktionärsstaat kann sie sich nicht halten. Sie muß endlich werden, wofür sie die Propagandisten nur ausgeben: eine vom Volk getragene sozialistische Demokratie.
»Die große Aussprache mit den Massen über das Tempo des sozialistischen Aufbaus wird zu einer Sichtung und einer Sicherung der sozialistischen Errungenschaften füh-

ren.« Schon am Morgen des 17. Juni hat Brecht dem »werten Genossen Ulbricht« diesen Wink zukommen lassen – und zynischen Dank dafür geerntet. Nur der Schlußsatz seines Telegramms ist, am 21. Juni, im Parteiorgan »Neues Deutschland« zusammen mit zahlreichen Ergebenheitsadressen abgedruckt worden – so als habe auch Brecht »in diesem Augenblick«, also nach der Niederschlagung des Aufstandes, nur das »Bedürfnis« gehabt, »die Verbundenheit mit der Sozialistischen Einheitspartei auszudrücken«. Eine »Erklärung«, in der er noch einmal die »große Aussprache« anmahnt, wird am 23. Juni unter der Sammelüberschrift »Für Faschisten darf es keine Gnade geben« im ND veröffentlicht.

Nun also, doppelt düpiert, entschließt sich der Dichter, den unfreundlichen »Freunden« hinter vorgehaltener Hand ins Gewissen zu reden, und es sieht so aus, als zwinge er sich zur Erfolgszuversicht, an deren Berechtigung er zweifelt.

»Die Wahrheit einigt«, aber Brecht fordert nicht: Sagt sie! Statt des Imperativs wählt er den Irrealis, die Aussageweise der Unwirklichkeit, und seufzt: »Freunde, ich wünschte, ihr wüßtet die Wahrheit und sagtet sie!«

Unmögliches schiene der Dichter zu begehren, wenn er »wünschte«, die »Freunde« wüßten, was sie nicht wissen, und sagten, was sie mangels Wissen nicht sagen (können). Doch das schlichte Wörtchen »und« verlangt eine andere Lesart des Satzes. Die Wahrheit wissen und sie sagen – das gehört zusammen! Denn wer sie weiß und sie nicht sagt, der unterdrückt sie und verrät damit, daß er sie fürchtet wie vor ihr »fliehende müde Cäsaren«, die um die »große Aussprache« herumzukommen meinen, indem sie den murrenden Massen kleine Versprechungen für morgen machen.

Nein, Brecht wirft den »Freunden« nicht vor, sie machten diesen Fehler, er »wünschte«, sie vermieden ihn, so wie es, in ähnlich aussichtslos erscheinender Lage, Lenin getan hat. Ihm, den sie als ihren unfehlbaren Lehrmeister feiern, müßten sie doch folgen! Und zur Aufmunterung könnte ihnen das »Liedlein« taugen. Brecht hat es in einem jener sowjetischen Aufbauromane gefunden, welche die »Freunde« den Massen als Kraftquelle empfehlen. Es sind Verse des damals noch unbescholtenen Alexander Twardowskij.

Doch das kräftige Eingeständnis und das kräftige WENN NICHT sind ausgeblieben. Sie wären auch ausgeblieben, wenn die »Freunde« das Gedicht gelesen hätten. Der Wille zur Zuversicht, mit dem Brecht es schrieb, scheint ihm alsbald abhanden gekommen zu sein. Im Nachlaß seiner 1974 gestorbenen Mitarbeiterin Ruth Berlau fand sich das Original des erwähnten Begleitbriefs. Wie die meisten Buckower Elegien ist »Die Wahrheit einigt« 1967 erstmals veröffentlicht worden, elf Jahre nach dem Tod des Dichters. Weitere 22 Jahre später kam es doch noch zum Eingeständnis der Wahrheit. Zu spät. Sie einigte zwar, aber nicht in der von Brecht gewünschten Weise.

BERTOLT BRECHT
DIE RÜCKKEHR

Die Vaterstadt, wo find ich sie doch?
Folgend den Bomberschwärmen
Komm ich nach Haus.
Wo denn liegt sie? Wo die ungeheueren
Gebirge von Rauch stehn.
Das in den Feuern dort
Ist sie.

Die Vaterstadt, wie empfängt sie mich wohl?
Vor mir kommen die Bomber. Tödliche Schwärme
Melden euch meine Rückkehr. Feuersbrünste
Gehen dem Sohn voraus.

WULF SEGEBRECHT
DAS MENETEKEL DER BOMBERSCHWÄRME

»Das Herz bleibt einem stehen, wenn man von den Luftbombardements Berlins liest.« »Hamburg geht unter. Über ihm steht eine Rauchsäule, die doppelt so hoch ist wie der höchste deutsche Berg, 6000 m.« Notizen des Entsetzens, niedergeschrieben 1943 von Bertolt Brecht im sonnigen Kalifornien, seinem Exil. Brecht war durch amerikanische Zeitungen und Zeitschriften stets gut informiert über den Kriegsverlauf und über die Luftangriffe der Anglo-Amerikaner auf deutsche Städte; er schnitt sich die Abbildungen aus und verwendete einen Teil davon später in seiner »Kriegsfibel«.

Brechts Vaterstadt Augsburg wurde zwischen 1940 und 1945 mehrfach bombadiert. Am 17. April 1942 wurde auch die Papierfabrik Haindl, deren kaufmännischer Direktor Brechts Vater (bis zu seinem Tod im Jahre 1939) gewesen war, während eines Luftangriffs von britischen Bombern getroffen. Weitaus schwerere Bombardements der Stadt sollten noch folgen. Im Jahre 1943, als an eine Rückkehr in die Vaterstadt noch kaum zu denken war, schrieb Brecht das Gedicht »Die Rückkehr« so, als stünde sie unmittelbar bevor: »Folgend den Bomberschwärmen / Komm ich nach Haus.« Die Bombenangriffe auf die Vaterstadt und die bevorstehende Rückkehr des Sohnes in die Vaterstadt werden aufs engste miteinander in Verbindung gebracht. Die Rückkehr steht fortan – wann und unter welchen Umständen sie auch zustande kommen mag – immer unter dem Menetekel der tödlichen »Bomberschwärme«.

Sie werfen in beiden Strophen des Gedichts die Fragen auf, die sich dem Sohn stellen, wenn er sich seine Rückkehr in die Vaterstadt vorstellt. Sie fordern ihm zunächst – in der ersten Strophe – eine Neuorientierung ab: Nicht nach dem Vaterhaus und den vertrauten Stätten der Kindheit und Jugend hat er zu suchen, wenn er »nach Haus« kommt; diese Heimat ist unauffindbar geworden. Sie liegt »in den Feuern«, und über ihr stehen »die ungeheueren Gebirge von Rauch«. Die Vaterstadt ist für den Sohn nur noch als kaum mehr identifizierbarer Ort des Schreckens und der Vernichtung aufzufinden. Ihre Zerstörung ist nicht nur die zeitliche Voraussetzung, sondern zugleich die schreckliche Bedingung seiner Heimkehr: »Folgend den Bomberschwärmen / Komm ich nach Haus.« Das steht für ihn fest.

In der zweiten Strophe ändert sich die Perspektive. Hier wird nicht mehr gefragt, wie der Rückkehrer seine Vaterstadt nach den verheerenden Bombenangriffen wohl wiederfinden mag, sondern wie die zerstörte Stadt ihrerseits diesen Rückkehrer wohl empfangen wird, dessen Vorboten die tödlichen Bomber und die Feuersbrünste sind. Wird sie den, der so angekündigt wird, als »Sohn« überhaupt akzeptieren können? Brecht wendet sich hier ausdrücklich an die Bewohner der Stadt: »Tödliche Schwärme / Melden euch meine Rückkehr«. Sie müssen, ebenso wie der Rückkehrer selbst, zur Kenntnis nehmen, daß die Rückkehr des Sohnes an die Zerstörung der Stadt gebunden ist.

Das Gedicht nimmt Probleme und Kontroversen vorweg, die nach dem Ende des Krieges die Diskussion über die Rückkehr der Exilanten bestimmen sollten. Die Exilschriftsteller vermißten im Nachkriegsdeutschland die Einsicht in die Notwendigkeit eines fundamentalen Umdenkens; die im Lande Gebliebenen glaubten, es fehle den Exilanten zur selbständigen Urteilsbildung an einer vergleichbaren Leiderfahrung. Die »Bomberschwärme« über Deutschland hatten eher zu einer Trennung zwischen den Vaterstädten und ihren Söhnen geführt als zu ihrer Annäherung.

Auch Brecht kehrte nicht heim. Er lebte und arbeitete seit 1949 als österreichischer Staatsbürger in Ost-Berlin, des Theaters wegen, das man ihm versprochen hatte. Am 3. September 1949 sah er auf der Durchreise von München nach Berlin seine Vaterstadt Augsburg wieder: »Augsburg etwas zertrümmert, fremd, läßt mich ziemlich kalt«, schrieb er in sein Journal. Eine Rückkehr im Sinne des Gedichts »Die Rückkehr« hat es damals nicht gegeben, geschweige denn einen Empfang. Erst lange nach Brechts Tod bekannte sich Augsburg zu seinem großen Sohn.

BERTOLT BRECHT
DAS ERSTE SONETT

Als wir zerfielen einst in DU und ICH
Und unsere Betten standen HIER und DORT
Ernannten wir ein unauffällig Wort
Das sollte heißen: ich berühre dich.

Es scheint: solch Redens Freude sei gering
Denn das Berühren selbst ist unersetzlich
Doch wenigstens wurd »sie« so unverletzlich
Und aufgespart wie ein gepfändet Ding.

Blieb zugeeignet und wurd doch entzogen
War nicht zu brauchen und war doch vorhanden
War wohl nicht da, doch wenigstens nicht fort.

Und wenn um uns die fremden Leute standen
Gebrauchten wir geläufig dieses Wort
Und wußten gleich: wir waren uns gewogen.

ECKHARD HEFTRICH

AUFGESPART WIE EIN GEPFÄNDET DING

Am 4. Juni 1941, keine drei Wochen vor Hitlers Überfall auf die Sowjetunion, starb Margarete Steffin, erst 35 Jahre als, in einer Moskauer Klinik. Hanns Eisler hat die hochbegabte, aus einer echten Proletarier-Familie stammende Autodidaktin die »wertvollste Mitarbeiterin« Brechts genannt. Brecht hatte sich, ehe er sich mit seiner Ehefrau Helene Weigel, den Kindern und einer anderen Mitarbeiterin, Ruth Berlau, am 30. Mai auf die Reise nach Wladiwostok begab, von der Schwerkranken im Hospital verabschiedet. Sie wenigstens war noch voller Hoffnung, bald so weit zu genesen, daß sie in ein paar Wochen ins amerikanische Exil nachfolgen könnte.

Die wenigen Jahre, die Grete für ihre große Liebe zu dem Dichter vergönnt gewesen, waren vom Beginn anno 1932 an nicht nur durch die Tuberkulose überschattet, die sie während des Exils immer wieder zu Aufenthalten in Kliniken und Sanatorien zwang. Auch Brechts Versuch, möglichst lange zu verheimlichen, daß sie nicht nur seine Mitarbeiterin war, machte ihr zu schaffen. Als Helene Weigel die gewiß schon früh geweckte Vermutung bestätigt fand, sagte sie zu der weiteren Rivalin: »Du tust mir leid, mein liebes Kind.«

Das erste der dreizehn an sie gerichteten Sonette kommt dem Versuch gleich, der Heimlichkeit der noch frischen Beziehung wenigstens einen im Verbergen steckenden Reiz zuzuschreiben. Das kleine Wort, Geheimzeichen ihrer Liebe, war ein unauffälliges »Grüß Gott«. Daß der darin liegende Zauber von Schmerz sehr getrübt war, ist, anders als aus Brechts Versen, dem Sonett abzunehmen, mit dem Margarete Steffin auf das Geschenk geantwortet hat. Dessen zweite Strophe lautet: »Das kleine Wort, das damals wir ernannten / Das unauffällig machte das Berühren / (Unwiderstehlich machte das Verführen) / Durch Monde ist es Hort deiner Verbannten.«

Brecht ist nicht eben dafür bekannt, daß ihm das Gewissen den Umgang mit seinen Geliebten sonderlich beschwerlich gemacht hätte. Aber in diesem Fall konnte ihm nicht entgehen, was die Heimlichkeit, und zusätzlich im Verein mit der durch die Krankheit erzwungenen Trennung, für die Betroffene bedeutet haben muß. Und so bietet er den poetischen Trost der Erinnerung an die Ersatz-Intimität an. Unter fremden Leuten, zu denen für heimlich Liebende gerade auch die Nächsten werden, kann er genießen, was ihr weit schwerer wiegt: »Das Wort ist mir Umarmung, ist mir Kuß, / die ich so lange auf dich warten muß / ich küsse es in jedem deiner Briefe.«

Dies Antwort-Sonett mutet wie ein von sehr weit her kommendes, verfremdetes Echo auf eine andere Klage um Trennung und Verzicht an, der wir eines der schönsten Gedichte des »West-östlichen Divan« verdanken. Wir wissen weder, ob Margarete Steffin es gekannt hat, noch, ob ihr jemand anvertraut haben könnte, daß jenes wundervolle Gedicht nebst anderen Kostbarkeiten des Buches »Suleika« nicht von Goethe stammt, sondern von Marianne von Willemer.

Die Liebes-Passion des 66jährigen Goethe hatte auch die um Jahrzehnte jüngere Frau entflammt, und beide tauschten ihr Geheimnis nicht nur in Chiffren-Briefen aus, sondern auch in Gedichten. In dem Lied vom Westwind bekennt Marianne-Suleika ihrem »Lieben«, Goethe-Hatem, was sie durch die Trennung leide, doch soll er dadurch nicht betrübt werden. Das Gedicht endet mit der dem Wind aufgetragenen Botschaft (der Lehrmeister hat daran ein »nur, doch« in ein »aber« verändert): »Sag ihm aber, sag's bescheiden: seine Liebe sei mein Leben.« Bei Margarete Steffin ging es von Anfang an buchstäblich ums Leben, und so antwortet sie, für Brecht »aufgespart wie ein gepfändet Ding«, beschwörend: »Was immer mir auch fehlt, ich muß gesunden / So lang mir deine Liebe nicht entzogen.«

Nicht Hatem-Suleika jedoch ruft Brecht in einem späteren, dem »Zwölften Sonett« herbei, sondern Dante-Beatrice. Aber so, daß es ihm gelingt, ausgerechnet hier eines jener Wörter einzubringen, die erst in unseren Tagen enttabuisiert und damit gerade um ihren, nur im Geheimen wirkenden obszönen Zauber gebracht worden sind. Zu Brechts Zeiten hatten sie noch einen unverbrauchten provokatorischen Reiz. Von dem wollte er die noch immer scheue Geliebte schon mit dem dritten Sonett überzeugen. Nachdem uns mit der Provokation auch der Kitzel des Schocks verlorenging, wissen wir desto mehr die zartere Würze des »Ersten Sonetts« zu genießen.

BERTOLT BRECHT
DER BAUCH LAUGHTONS

Sie alle verschleppen ihre Bäuche
Als wäre es Raubgut, als würde gefahndet danach
Aber der große Laughton trug ihn vor wie ein Gedicht
Zu seiner Erbauung und niemandes Ungemach.
Hier war er: nicht unerwartet, doch nicht gewöhnlich
Und gebaut aus Speisen, ausgekürt
In Muße, zur Kurzweil
Und nach gutem Plan, vortrefflich ausgeführt.

PETER VON MATT
DER KÖRPER ALS KUNSTWERK

Man achte auf das Wortspiel in der dritten Zeile. Der englische Schauspieler Charles Laughton besaß einen mächtigen Bauch. Das wissen einige Kinogänger noch aus seiner legendären Verkörperung König Heinrichs VIII. Die meisten aber wissen es seit seiner Rolle als Strafverteidiger in dem Film »Zeugin der Anklage« mit Marlene Dietrich. Brecht lernte Laughton 1944 in Kalifornien kennen. Die beiden kamen einander näher. Sie arbeiteten zusammen an der Übersetzung des »Galilei«, und Laughton spielte die Titelrolle bei der Uraufführung des Stücks in Beverly Hills. Das war im Jahr 1947. Im Publikum saßen Charles Chaplin und Ingrid Bergman, Anthony Quinn, Gene Kelly und Frank Lloyd Wright.

Laughton besaß einen Garten am Rand einer Felswand über dem Pazifik. Er pflegte ihn mit Leidenschaft und täglicher Sorge. Gelegentlich stürzte ein Stück der Anlage ab. Dann flüchtete sich Laughton zu Brecht, um bei ihm zu trauern. Der Dichter schrieb ein langes Gedicht über diesen Garten, »Garden in progress«. Am Schluß erwähnt er die Erdrutsche und schließt mit dem Satz: »Anscheinend / Bleibt nicht mehr viel Zeit, ihn zu vollenden.«

Garden in progress spielt an auf *Work in progress*. So wollte Brecht das Kunstwerk verstanden wissen: immerzu in Veränderung. Laughtons Garten wird durch diesen Titel symbolisch für alle Kunst. Der ironische Schluß, der die Vollendung mit dem Untergang zusammen sieht, bezieht

Position gegen die Vorstellung vom Ewigkeitscharakter der großen Werke. Aere perennius, dauerhafter als Erz, hatte Horaz seine Dichtungen genannt. Da hatte Brecht etwas dagegen. Wirklich?

Man achte auf das Wortspiel in der dritten Zeile. Während sich die meisten Bauchträger ihrer Leiblichkeit schämen und sie zu verstecken suchen, als hätten sie sie gestohlen, macht Laughton es anders. Er trägt seinen Bauch »vor wie ein Gedicht«. Das Wortspiel operiert mit dem Doppelsinn von »vortragen«: rezitieren oder vorantragen, vor sich her tragen. Laughton war ein großer Rezitator. Er las Shakespeare-Stücke in kleinem Kreis vor. So einmal in Anwesenheit Brechts den »Sturm«. Brecht notierte sich zu Hause: »Er hockt vor einer herrlichen Standuhr in bayerischem Barock, auf einem weißen Sofa, mit gekreuzten Beinen, so daß nur sein buddhaähnlicher Bauch sichtbar ist, und liest . . .« Shakespeare und Buddha und der bayerische Barock: viele Mythen des Bertolt Brecht schießen da zusammen und werden gegenwärtig in dem eminenten Bauch. Kurz nach diesem Abend entstand das Gedicht.

Indem der große Rezitator seinen Bauch »vorträgt«, wie er auch Shakespeare vorträgt, wird der Körper zu einem Kunstwerk. Laughtons Garten und Laughtons Bauch, beide verwandeln sich in Brechts Gedichten zu Sinnbildern der Kunst. Deshalb kann vom Bauch gesagt werden, was auch von einem guten Stück gilt: Er sei »nach gutem Plan, vortrefflich ausgeführt«. Dieser Plan ist die kühnste Behauptung des Gedichts. Nicht nur habe Laughton seine Speisen sorgsam ausgewählt, heißt das, sondern er habe dabei auch stets an die wachsende Wölbung seines Leibes gedacht und sie von Mahl zu Mahl in eine bessere Form gebracht.

Aber doch alles nur sich selbst zulieb und aus Freude am Genuß – »in Muße, zur Kurzweil, zu seiner Erbauung«. Soll das denn nun auch für das Kunstwerk gelten? Wird da die Metapher nicht frivol? Im Gegenteil. Brechts sublimste Utopie zeichnet sich hier ab. Wenn eines Tages jede Arbeit Genuß ist und jeder Genuß produktive Arbeit, dann rückt das Ziel der Geschichte, die »große Produktion«, in Sichtweite. Etwas davon nimmt Charles Laughton vorweg in der Erschaffung seines Bauches.

Aus der vergänglichsten aller Künste, der Kochkunst, hat Laughton sein abgerundetes Kunstwerk geschaffen. Der Bauch wird zum Denkmal zahlloser vollkommener Mahlzeiten. Doch auch dieses Monument ist vergänglich. Es hält nur wenige Jahrzehnte vor. Und da tritt nun Bertolt Brecht ein und erbaut mit seinen Versen diesem vergänglichen Monument seinerseits ein dauerhaftes Denkmal. Wenn nicht aere perennius, so doch gewiß ventre perennius, dauerhafter als jeder Bauch. Erscheint nicht sogar Laughtons Silhouette in der typographischen Umrißlinie des Gedichts?

BERTOLT BRECHT
WEIHNACHTSLEGENDE

Am heiligen Christabend heut
Sitzen wir, die armen Leut
In einer kalten Stube drin.
Der Wind geht draußen und geht herin.
Komm lieber Herr Jesus zu uns, sieh an:
Weil wir Dich wahrhaft nötig han.

Wir sitzen heute so herum
Als wie das finstre Heidentum.
Der Schnee fällt kalt auf unser Gebein:
Der Schnee will unbedingt herein.
Komm Schnee zu uns herein, kein Wort:
Du hast im Himmel auch keinen Ort.

Wir brauen einen Branntwein
Dann wird uns leicht und wärmer sein.
Einen heißen Branntwein brauen wir.
Um unsere Hütt tappt ein dick Tier.
Komm, Tier zu uns herein nur schnell:
Ihr habt heut auch keine warme Stell.

Wir tun ins Feuer die Röck hinein
Dann wird's uns allen wärmer sein!
Dann glüht uns das Gebälke schier.
Erst in der Früh erfrieren wir.
Komm, lieber Wind, sei unser Gast:
Weil Du auch keine Heimat hast.

BARBARA FRISCHMUTH
KOMM, LIEBER WIND, SEI UNSER GAST

Wer würde schon bei Bertolt Brecht – ohne mit der Nase darauf gestoßen zu werden – nach Weihnachtsgedichten suchen, erst recht nach so berührenden? Dennoch scheinen in der Sammlung »Gedichte 1913-1926« ganze drei unter »Weihnachtsgedichte« zusammengefaßte Poeme auf.

Der Ton der voranstehenden »Weihnachtslegende« ist – wie oft bei Brecht – auf raffinierte Weise schlicht, und mit den Reimen verhält es sich nicht anders. Da darf, ja da muß es dann schon »han« anstatt »haben« heißen, weil das genau jene Bravheit (eine Mischung aus Biederkeit und Rechtschaffenheit) der armen Leute anklingen läßt, die Brecht, natürlich auch um des Reimes willen, mit dieser leicht künstlich wirkenden mittelalterlichen, noch in manchen Dialekten gebräuchlichen Form (deren sich übrigens auch schon Claudius, Bürger und Uhland bei Bedarf bedient hatten) unterstreicht.

Natürlich sind die armen Leute – zumindest die armen Leute bei Brecht – überhaupt nicht brav, es soll nur so klingen, als wären sie brav, wie man das von den armen Leuten eben so gewöhnt ist, vor allem in jenen Vor-, Zwischen- und Nachkriegszeiten des zwanzigsten Jahrhunderts. In Wirklichkeit sind die armen Leute nur arm, und zwar dermaßen arm, wie man das heutzutage nur mehr in der dritten, vierten und fünften Welt sein kann.

Daß Weihnachten ist, kommt erschwerend hinzu, das Fest

der Liebe, wie es an jedem Kaufhaus geschrieben steht, das Fest der Familie, das Fest der Geschenke – das Christfest eben. Die Einladung ergeht allerdings an den lieben Herrn Jesus und nicht an das Christkind, denn das bringt den armen Leuten ohnehin nichts. Vom lieben Herrn Jesus weiß man zumindest, daß er einmal, vor langer Zeit, das Brot vermehrt hat. Aber daran erinnert er sich wohl nicht mehr. Noch dazu sitzen die armen Leute »heute so herum / Als wie das finstere Heidentum« – eine wundersame Formulierung, die einen das Dumpfe, das sich bereits Verdinglichende dieser Armut zum Tode spüren läßt.
Das einzige an Weihnachten Gemahnende ist die Kälte. Wenn man nichts zu heizen hat, ist es gleichgültig, ob man draußen oder drinnen sitzt. Und wenn die Ritzen schon einmal so tief gehen, daß der Wind vor den Wänden nicht mehr haltmacht, nimmt es nicht wunder, wenn sich auch der Schnee seinen Weg in die frostige Stube bahnt. Nur ein Angenehmes ist noch vorhanden, nämlich ein wenig Branntwein, dessen Duft allein schon die Herzen einen Spaltbreit öffnet, auch wenn sie sich nicht mehr entsprechend erwärmen werden wie in dem alten Adventslied vom leise rieselnden Schnee (In den Herzen wird's warm, / Still schweigt Kummer und Harm . . .) Wenigstens dehnen sie sich noch einmal zu einer Art kosmischem Mitleid, das auch den Schnee nicht ausschließt, geschweige denn das dicke tappende Tier (wohl ein Sinnbild aller Kreatur), das sich ähnlich ausgesetzt fühlen mag.
Der Branntwein macht zumindest innen drin ein wenig wohlig, dazu auch noch hellsichtig. Es gibt keine Hoffnung mehr, und wo nichts ist, hat bekanntlich der Kaiser das Recht verloren. Wozu also den Rock noch schonen, wenn das, was er vor der Kälte schützen soll, ohnehin er-

friert, verhungert? Da schon lieber eine letzte Verausgabung mit einer letzten Wärme, selbst wenn es die Balken, die sich ein letztes Mal biegen werden, kostet. Viel scheint von ihnen ohnehin nicht mehr da zu sein – so leicht, wie es dem Wind fällt, ein flammenfachender Gast zu sein, ein Heimatloser unter Heimatlosen, wie auch der Schnee als Himmelloser unter Himmellosen zu dieser Allianz der letzten Stunde gehört, einer Allianz, die anderntags bereits verweht sein wird.

ERICH KÄSTNER
DAS LETZTE KAPITEL

Am 12. Juli des Jahres 2003
lief folgender Funkspruch rund um die Erde:
daß ein Bombengeschwader der Luftpolizei
die gesamte Menschheit ausrotten werde.

Die Weltregierung, so wurde erklärt, stelle fest,
daß der Plan, endgültig Frieden zu stiften,
sich gar nicht anders verwirklichen läßt,
als alle Beteiligten zu vergiften.

Zu fliehen, wurde erklärt, habe keinen Zweck.
Nicht eine Seele dürfe am Leben bleiben.
Das neue Giftgas krieche in jedes Versteck.
Man habe nicht einmal nötig, sich selbst zu entleiben.

Am 13. Juli flogen von Boston eintausend
mit Gas und Bazillen beladene Flugzeuge fort
und vollbrachten, rund um den Globus sausend,
den von der Weltregierung befohlenen Mord.

Die Menschen krochen winselnd unter die Betten.
Sie stürzten in ihre Keller und in den Wald.
Das Gift hing gelb wie Wolken über den Städten.
Millionen Leichen lagen auf dem Asphalt.

Jeder dachte, er könne dem Tod entgehen.
Keiner entging dem Tod, und die Welt wurde leer.
Das Gift war überall. Es schlich wie auf Zehen.
Es lief die Wüsten entlang. Und es schwamm übers
Meer.

Die Menschen lagen gebündelt wie faulende Garben.
Andre hingen wie Puppen zum Fenster heraus.
Die Tiere im Zoo schrien schrecklich, bevor sie
starben.
Und langsam löschten die großen Hochöfen aus.

Dampfer schwankten im Meer, beladen mit Toten.
Und weder Weinen noch Lachen war mehr auf der
Welt.
Die Flugzeuge irrten, mit tausend toten Piloten,
unter dem Himmel und sanken brennend ins Feld.

Jetzt hatte die Menschheit endlich erreicht, was sie
wollte.
Zwar war die Methode nicht ausgesprochen human.
Die Erde war aber endlich still und zufrieden und
rollte,
völlig beruhigt, ihre bekannte elliptische Bahn.

EVA DEMSKI
FLUGZEUGE MIT TOTEN PILOTEN

Vor gut siebzig Jahren hat Erich Kästner sich die ferne Zukunft vorgestellt. Er hat sie sich schrecklich vorgestellt, und wir sind fast dort angekommen, wohin er sich damals zu versetzen suchte: Das heißt, wir haben noch ein bißchen Zeit bis zum 12. Juli 2003.

Wäre einem das neunstrophige Gedicht vor dem elften September dieses Jahres beim Schmökern begegnet, man hätte es überblättert und vielleicht ob des übereinandergehäuften Unglücks und des moritatenhaften Tons ein bißchen das Gesicht verzogen. Nicht eins seiner stärksten, hätte man gedacht, und wie schlecht doch das Beschwörende, die Drohgebärde der Lyrik bekommt. Außerdem ist Kästner in der literarischen Hausapotheke der Deutschen für Kinder- und Jugendbücher, allenfalls noch für das Ironische zuständig!

Die jüngsten Ereignisse haben den Staub von diesen Zeilen gefegt, und die Katastrophenbilder des Gedichts können nicht mehr als Metaphern gelesen werden. Menschen, gebündelt wie faulende Garben, brennend ins Feld sinkende Flugzeuge mit toten Piloten, wie auf Zehen schleichendes Gift sind Nachrichten, nicht mehr Literatur, die für angenehmes Erschauern beim in Sicherheit sitzenden Leser sorgt.

Warum hat er dieses Gedicht Ende der zwanziger Jahre geschrieben? Um sich nach seiner traumatischen Erfahrung des Ersten Weltkriegs möglichst weit weg in eine nicht selbst zu ertragende Zukunft zu schreiben? Aus dem Krieg ist er krank zurückgekommen. Zwischen diesem Untergang einer Welt, nicht zuletzt durch das im Gedicht erwähnte Giftgas, bis zu dem noch wesentlich gründlicheren Versuch, Zivilisation und Humanität zu vernichten, blieb nicht viel Zeit zum Leben.

Kästners Zeilen, die stampfend daherkommen, wie eine Demonstration aus Wörtern in einer breiten, unerbittlichen Marschordnung, sind kalt. Sie haben mit dem unglückseligen Menschengeschlecht, das sich da auslöscht, kein Erbarmen. Die zweite Strophe klänge, wären die Anschläge nicht geschehen, naiv, ein bißchen banal. Auch trifft sie den Ton jener unangenehmen Zeitgenossen, die die Abschaffung des Menschengeschlechts zur Rettung der Natur für geboten halten. Auch die letzte Strophe des Gedichts nimmt diesen Gedanken auf, aber nicht negative Überheblichkeit spricht aus ihr, sondern Verzweiflung.

Es gibt eine Misanthropie, die sich eine liebenswürdige und komische Maske aufsetzt. Kästner kann das in vielen seiner Gedichte und Prosaarbeiten meisterhaft, und wie bei vielen Misanthropen sind Kinder eine mögliche Rettung – oder Tiere. Eine einzige Zeile des Gedichts ist ihnen gewidmet, den unschuldig in Zoos eingesperrten Tieren: Es ist die einzige Zeile, in der Mitleid erscheint. Die Angst der Menschen ist ihm nur das Wort »winseln« wert. Die Tiere aber schreien, sie schreien schrecklich.

Warum aber, die Frage bleibt, schreibt Kästner dieses »letzte Kapitel« grade in dieser Zeit? Bekannt ist nur das Erscheinungsdatum, es wird zum erstenmal im Band »Ein Mann gibt Auskunft« im Sommer 1930 veröffentlicht. Die Weimarer Republik war ein schwaches Gerüst für einen Aufbau der Demokratie nach dem verheerenden Krieg.

Daß sie zu schwach war, ahnte man vielleicht, nicht aber, was ihr folgen würde. Oder sahen die Bewußten da schon Hitler ante portas wie René Schickele?

Man beschreibt das Grauen auch, um es zu bannen. Man findet Wörter für das Unvorstellbare, damit es sich nicht ereignet. Seit jeher war der Reiz beschriebener Apokalypse die Gewißheit, daß sie einen nicht trifft. Kästner hat ihr ein Datum gegeben, den 12. Juli 2003. Damit hat er sie seinen Nachfahren zugeordnet. Das sind wir. Von dem Tag trennen uns keine zwei Jahre mehr. Als George Orwells düstere Fiktion 1984 kalendarische Wirklichkeit wurde, hat man gelächelt und mit den Achseln gezuckt: So schlimm ist es nicht gekommen! Hoffentlich tun wir das am 13. Juli 2003 wieder, dessen aber so sicher wie vor dem 11. September sind wir nicht mehr.

MARIE LUISE KASCHNITZ
GENAZZANO

Genazzano am Abend
Winterlich
Gläsernes Klappern
Der Eselshufe
Steilauf die Bergstadt.
Hier stand ich am Brunnen
Hier wusch ich mein Brauthemd
Hier wusch ich mein Totenhemd.
Mein Gesicht lag weiß
Im schwarzen Wasser
Im wehenden Laub der Platanen.
Meine Hände waren
Zwei Klumpen Eis
Fünf Zapfen an jeder
Die klirrten.

ULLA HAHN
SPIEL DES LEBENS, SPIEL DER DEUTUNG

Gedichte der Kaschnitz neigen bisweilen zum Spruchhaften, zur Selbstentschlüsselung, wobei die letzte Zeile dem Leser dann nicht selten den Dietrich fast gewaltsam in die Hand drückt. So etwa in »Torre San Lorenzo«, das in der Sammlung »Neue Gedichte« dem hier gewählten vorausgeht: Nach Bildern von Mond und Meer heißt es: »Alles äonenlang / Nur wir vergehen.« Nicht so in »Genazzano«. Hier vertraut die Dichterin ganz auf die Kraft der Bilder. Bilder, die ohne ihre geliebten Adjektive auskommen: golden, marmorn, magisch, bleich. Gefährliches Schmieröl der Poesie.

Ortsangaben als Titel finden sich in der Lyrik der Kaschnitz häufig. Genazzano, ein Dorf von fünftausend Seelen etwa fünfzig Kilometer südlich von Rom, muß man nicht kennen. Nach wenigen Worten haben wir ein romanisches Bergstädtchen vor Augen; beinah *nature morte*, wäre da nicht das Klappern der Eselshufe. In der winterlich starren Stadt ist Bewegung, wenn auch nur hörbar und nur von einem Tier, das dem Menschen dient. Kein Lachen, kein Rufen, keine Stimmen. Die Skizze kommt in den ersten fünf Versen ohne Verben aus; sie würden den Ort in der Zeit verankern, doch er liegt außerhalb von ihr.

In der Zeit hingegen lebt das Lyrische Ich. Dreimal wird der Gegensatz beschworen zwischen dem zeitlosen Ort, dem dauernden »Hier«, und dem zeitverfallenen Ich, das um seine Vergänglichkeit weiß. Es steht nicht, es »stand«

am Brunnen und »wusch«. Nicht »Hier« und jetzt, sondern »Hier« und einst. Das alterslose Dorf, das gealterte Ich. Zeile sechs und sieben halten die Stimmung der Erinnerung in der Schwebe. Noch könnten »Brunnen« und »Brauthemd« heitere Bilder auslösen, wehmütigen Rückblick. Doch dies macht die nächste Zeile zunichte: »Hier wusch ich mein Totenhemd«.

Aus der Zeitlosigkeit in die Vergangenheit versetzt, gerät der Leser in die Verstörung. Aus welcher Zeit spricht dieses Ich? Wo ist eine Gegenwart? Ist das Ich auch aus der Zeit gefallen? Tot? Die folgenden Zeilen lassen beide Deutungen offen: das Lyrische Ich als Erinnerndes; das lyrische Ich als Wiedergängerin. Die Bilder sind so gehalten, daß sie auf eine Tote so gut wie auf eine waschende Frau zutreffen können. Das Gesicht kann ein Spiegelbild sein oder wirklich »weiß / Im schwarzen Wasser« liegen. »Im wehenden Laub der Platanen« zeigt sich Natur in ihrer Vergänglichkeit. Doch »wehend« ist auch die immerwährende Bewegung des Windes, äußerster Gegensatz zu dem dann folgenden Schlußbild.

Anders als der Entwurf des Orts in den Eingangszeilen ist dieses letzte Bild Vergangenheit: Die »Hände waren / Zwei Klumpen Eis«, eine umgangssprachliche Metapher, unheimlich erst durch ihre Weiterführung: fünf Finger werden zu »fünf Zapfen«, die »klirrten.« Wer dächte da nicht an Hölderlin, wer hörte nicht sein »Weh mir« bis an den Brunnen in den Zeilen von »Genazzano«. Doch wo bei Hölderlin »klirren die Fahnen« sind es hier vereiste Finger, die ein Geräusch erzeugen, ähnlich dem Klappern der Eselshufe. Anders als in Hölderlins späten Versen aus den »Nachtgesängen« ist das Leben hier nicht abgestorben. Eis kann wieder in Bewegung geraten, Wasser werden, in den Kreislauf des Lebens zurückkehren.

Die Erstarrung ist zeitweilig, Leblosigkeit vorübergehend, das Lebendige wartet. Denn das Lyrische Ich hat die Zeit der Vereisung überwunden, es spricht als Wiedergeborenes. Wiedergeboren in »Genazzano am Abend«, in die Zeitlosigkeit, wo das »Klirren« aufgeht im »gläsernen Klappern«. Der einzelne vergeht, aber der Tod ist kein Ende, sondern ein Wendepunkt, eine Station. Das Spiel des Lebens zwischen »Brauthemd« und »Totenhemd« kann aufs neue beginnen, der Kette des Seins ein weiteres Glied hinzugefügt werden.

»Den Werdegang eines gelungenen Gedichts zu erklären ... ist schlechthin unmöglich«, schreibt der Dichter Peter Huchel in seinem Nachwort zu den Versen der Kaschnitz, sein Gelingen bleibe »Geheimnis«. Daß »Genazzano«, jedem Versuch seiner »Entschlüsselung« zum Trotz, dieses »Geheimnis« zu wahren weiß, macht seine verstörende Eindringlichkeit aus, die zu immer neuen Deutungen herausfordert. Ganz im Sinne der Dichterin: »Das gedruckte Gedicht, die gedruckte Geschichte sind Freiwild, sie gehören mir nicht mehr, und jeder kann sie sich auslegen, wie er will.« Das Spiel des Lebens, das Spiel der Deutung, wir müssen uns hineinbegeben, nur so halten wir uns und die Dichtung lebendig.

MARIE LUISE KASCHNITZ
KLEINE BALLADE

Kehre ich heim in mein Vaterhaus
Find ich alle vier Wände im Lot
Einen Rasen wie Samt einen Stacheldrahtzaun
Eine Tafel mit Bettelverbot
Trägt mein Vater einen gut sitzenden Rock
Meine Mutter den seidensten Staat
Fällt mir bei Tisch mein Bruder ein
Der Tote der Soldat
Grab ich ihn aus setz ich ihn hin
Zwischen Fleißiges Lieschen zum Stein
Jetzt hast Du ein Bett jetzt wirst Du satt
Komm heim.
Wiegt er die Stirne einerlei
Hat die Hände voll weißem Brot.
Steht auf geht hin am Haus vorbei
Gradwegs ins Morgenrot.

WULF SEGEBRECHT
DAS VATERHAUS, WIE FIND' ICH ES DOCH

Die Ballade erzählt aus der Ich-Perspektive einer erwachsenen Tochter (oder eines erwachsenen Sohnes?) die makabre und böse, alles andere als nostalgische Geschichte zunächst einer kritischen, dann einer verweigerten Rückkehr ins Vaterhaus. Schon die Beschreibung der geordneten und abgeschirmten häuslichen Verhältnisse, die das sprechende Ich im Elternhaus vorfindet, kommt einer Diffamierung näher als dem, was man sich üblicherweise unter einer Heimkehr vorstellen mag: Alles ist »im Lot« zu Hause, der Rasen ist makellos, Sicherungsmaßnahmen und Verbotsschilder richten sich gegen mögliche Eindringlinge und Bettler. Die Eltern selbst erscheinen in gepflegter, teurer und edler Garderobe.
Dieses Vaterhaus bietet, alles in allem, das Schreckbild eines bedenkenlosen Wohlstands und einer gedankenlosen Wohlanständigkeit. Daß die Familie sich bei Tisch nicht vollständig versammelt hat – denn es fehlt der Sohn und Bruder, der offenbar als Soldat im Krieg ums Leben gekommen ist –, scheint den Eltern nicht einmal aufzufallen; wohl aber der Schwester, die seine Wiederbelebung unternimmt und ihn unter Hinweis auf Unterkunft und Verpflegung im Vaterhaus auffordert: »Komm heim.« Doch der wiederbelebte Bruder folgt dieser Aufforderung nicht. Er geht vielmehr »am Haus vorbei / Gradwegs ins Morgenrot«. Mit diesem Elternhaus will er offenbar nichts mehr zu tun haben.

Man ist, weil hier ein Ich über persönlich-familiäre Verhältnisse spricht, zunächst versucht, das aus dem Nachlaß der Marie Luise Kaschnitz stammende Gedicht autobiographisch zu lesen. Aber diese Lesart geht nicht auf. Die Eltern der Dichterin verstarben während der Zeit des Dritten Reiches; ihr einziger Bruder überlebte den Krieg und ist 1983, fast zehn Jahre nach seiner Schwester, gestorben. Sie können also kaum gemeint sein.
Vor allem aber macht das Gedicht selbst auf andere als autobiographische Bedeutungen aufmerksam: Denn als Ballade wird es schon im Titel angekündigt; an Volkslieder erinnern die unregelmäßig gefüllten Verse, die unreinen Reime und die an den Anfang der Verse gestellten Verben, wie man sie beispielsweise auch in Goethes »Heidenröslein« findet. Dazu gibt es kunstvolle Anspielungen auf Stoffe des Märchens und des Aberglaubens (so das Wiedergänger-Motiv) und auf Bibelstellen (Gleichnis vom verlorenen Sohn, Heilung des Kranken am Bethesda-Teich: »Steh auf, nimm dein Bett und gehe hin!«). Es ist also ein ganz außerordentlich dichtes Netz von Hinweisen auf traditionelle volkstümliche Formen und Stoffe, das hier über die aktuelle Geschichte einer verweigerten Heimkehr ins Vaterhaus gespannt wird.
Die Alternative zum unglaubwürdig gewordenen Vaterhaus ist das »Morgenrot«, in das der wiederbelebte Bruder am Ende hineingeht. Mit dieser vieldeutigen Metapher schließt das Gedicht. In Wilhelm Hauffs einem schwäbischen Volkslied nachgedichteten Reiterlied (»Morgenrot, leuchtest mir zum frühen Tod?«) kündigt das Morgenrot den Heldentod eines Kämpfers an. Aber zugleich vertritt das Morgenrot in der Lyrik der Freiheitskriege, des Vormärz und der sozialistischen Bewegungen des 19. und 20.

Jahrhunderts doch auch die Hoffnung auf Überwindung der gesellschaftlichen Lethargie und auf einen Neuanfang. Schon Theodor Körner »jubelt von der Freiheit Morgenrot«, und noch der Expressionist Alfred Henschke, der sich Klabund nannte, gab seinem ersten Gedichtband den Titel »Morgenrot! Klabund! Die Tage dämmertn!«. Auf beide Bedeutungen des Morgenrots – den Hinweis auf den frühen Tod des Soldaten und die Hoffnung auf gesellschaftliche Veränderungen – könnte der Schluß der Ballade sich beziehen.

Mit dem allzu ordentlichen, fremdenfeindlichen, mitleidlosen, wohlsituierten und vor allem erinnerungslosen Vaterhaus der »Kleinen Ballade« hat Marie Luise Kaschnitz die selbstzufriedene deutsche Wohlstandsgesellschaft der Nachkriegszeit poetisch und zugleich kritisch nachgezeichnet. Ihr gegenüber verhalten sich die Geschwister der »Kleinen Ballade« kritisch oder ablehnend. Zugleich aber wird der Erinnerungs- und Trauerunfähigkeit dieser Nachkriegsgesellschaft das Gegenbild eines Aufbruchs ins »Morgenrot« gegenübergestellt, in dem verlorengegangene volkstümliche Traditionen ebenso enthalten sind wie revolutionäre Impulse. Statt in ein Vaterhaus zurückzukehren, das belastet ist und sich überlebt hat, wählt der Bruder den Weg ins belebende Morgenrot. Das läßt sich durchaus auch als Plädoyer für die Bewältigung der Vergangenheit und für die Notwendigkeit einer Neubestimmung der Zukunft des väterlichen deutschen Hauses lesen.

ROSE AUSLÄNDER
EIN MÄRCHEN

Im Pruth hüpften die
Spiegelbilder der Weiden

Ich badete und
sang Lieder

Es waren
verstohlene heitere Stunden
mit Freunden und
freundlichen Fremden

Daheim erwarteten mich
wichtige Bücher und
unbeschriebene Bogen Papier

Ich las ich schrieb
und träumte
es würde sich alles
zum Guten wenden

Ein Märchen
kurz vor der
Weltkatastrophe

WALTER HINCK
VERBRÜDERTE KULTUREN

Czernowitz in der Bukowina, die Stadt am Pruth, in der Rose Ausländer (Scherzer) vor einhundert Jahren geboren wurde, war im zwanzigsten Jahrhundert ein Spielball der politischen Interessen und der Grenzverschiebungen. Bis 1918 eine österreichische, dann eine rumänische Stadt, im Zweiten Weltkrieg unter sowjetischer, deutscher und wieder sowjetischer Herrschaft, gehört sie heute zur Ukraine – eine Stadt auf dem Rangiergleis der Staaten und Regierungsformen. Verliererin des ständigen Machtwechsels war die deutschsprachige, von der starken jüdischen Bevölkerungsgruppe getragene Kultur.
Aufgewachsen ist die jüdische Kaufmannstochter in diesem Schmelztiegel der Völker, in dem Juden mit Ukrainern, Rumänen und Deutschen, auch Polen und Madjaren wie in einer politischen Urzelle des Völkerbundes oder der Vereinten Nationen zusammenlebten. So mag der Autorin diese Zeit im Rückblick wohl als ein Vorgriff auf den Ewigen Frieden, als ein »Märchen« erscheinen.
Das Gedicht stammt aus dem Nachlaß der 1988 gestorbenen Dichterin, die bis zu ihrer Übersiedlung nach Düsseldorf ein wahres Nomadendasein zwischen Czernowitz, Wien und Bukarest, zwischen Europa und Amerika und während des Zweiten Weltkriegs Todesängste im Czernowitzer Getto durchstanden hatte. Es folgt dem Muster der freirhythmischen Form mit wechselnder Vers- und Strophenlänge, das Paul Celan, der jüngere Freund aus Czernowitzer Tagen, ihr nahegebracht hatte.

»Landschaft, die mich / erfand« hat Rose Ausländer im Gedicht »Bukowina II« ihre Heimat genannt. Immer wieder versetzt sich die gealterte Dichterin in ihre Kindheit und Jugendzeit, in die von »Buchenwäldern« umschlossene und »friedliche Hügelstadt«, dämpft sie ihr Heimweh mit der Droge lyrischer Erinnerungssprache. So auch im Gedicht »Ein Märchen II«. In fünf Strophen, fünf Schritten nimmt sie von der Vergangenheit wieder Besitz, bis die Schlußstrophe ein Halt setzt.
Mit dem Bild der Spiegelungen des Ufers im Wasser beginnt das Gedicht; das Verb »hüpfen« deutet schon eine Leichtigkeit des Daseins an, wie sie Baden und Singen dann konkretisieren. Gewiß sang das Mädchen, die junge Frau deutsche Lieder, doch drangen ans Ohr immer auch die Lieder der anderen Sprachen. »Viersprachig verbrüderte / Lieder« stehen im Bukowina-Gedicht für verbrüderte Kulturen. Heiteren Umgang mit Freunden und Fremden, eine Atmosphäre der Gastfreundschaft und der wechselseitigen Offenheit ruft die Erinnerung in der dritten Strophe zurück.
Zur Daseinsfreude und zur vorurteilslosen Geselligkeit treten, sie ergänzend und vollendend, die Vergnügungen des Geistes: die Erweiterung des Horizonts durch die in Büchern gespeicherten Erkenntnisse und Erfahrungen und der Antrieb zur eigenen Produktivität. Davon handeln die vierte und fünfte Strophe. Mit Goethe, Hölderlin und Rilke, mit Heine und Karl Kraus war man in Czernowitz vertraut, und aus ihren Dichtungen bezieht Rose Ausländer für ihre frühen Schreibversuche die Hoffnung auf den Fortschritt »zum Guten«.
Die »Weltkatastrophe«, die solchen Traum der Jüdin aus Czernowitz zerriß, beginnt mit ersten Beben sicherlich

schon beim Kriegsausbruch von 1914 und beim Zusammenbruch der Donaumonarchie. Aber erst in den Getto-Jahren nach 1941 wird sie zu einer Erfahrung, die Albtraumbilder hervorbringt wie das vom »Bau / gigantischer Galgen // für mich / und / mein Volk« (»Erwachen I«). Rose Ausländer ist mit ihrer Lyrik zur Dichterin des Heimatverlustes und der ständigen Wanderschaft, zur Dichterin jüdischer Kulturbejahung und jüdischen Leidens geworden. Das Gedicht »Ein Märchen« beschwört noch einmal die Zeit und den Ort, wo der Wunschtraum von einer Humanisierung der Welt gerechtfertigt schien.

CHRISTINE LAVANT
DER MOND KNIET AUF

Der Mond kniet auf. Im Laub der Feuerbohnen
verstummt die Grille, langsam füllt der Tau
die gelben Teller aller Sonnenblumen.
Mit langen Fingern greift das Grummetgras
der Nebelkatze, die am Fluß sich streckt,
ins graue Fell. Das Schilf verbirgt die scheuen
Schwärme der Vögel, die nicht weiterkönnen.
Manch einer ruft sehr lange vor sich hin;
das klingt so traurig, daß der Weidenzweig,
vor dem ich stehe, über mir erzittert.
Vielleicht ist's Tau, vielleicht Zykladenschaum,
was jetzt herabtropft über meine Wangen.

MICHAEL KRÜGER
FRAU HIOB

Wer schreckhaft veranlagt ist, sollte sich zum nächtlichen Spaziergang nicht gerade Christine Lavant als Begleitung wählen. »Hochsommernacht und so voll Frost«, ruft sie aus, als wollte sie die Ordnung der Welt und alle Naturgesetze auf den Kopf stellen. Die Schöpfung, so ihr vernichtendes Fazit, ist verfehlt. Und wir sind unfähig, mit diesem Provisorium umzugehen.

Christine Lavant ist die letzte deutschsprachige Dichterin, die es mit Gott persönlich aufgenommen hat, im Vergleich zu ihr sind alle »katholischen« und »protestantischen« Dichter sanfte Sozialarbeiter. »Das war mein Leben, Gott, vergiß das nicht«, herrscht sie ihn an, »sag keins der lauen Worte deiner Frommen! / Ich will ja nicht in ihren Himmel kommen!« Die Lavant, von Armut und Krankheit zeitlebens gezeichnet, ist Häretikerin – und zugleich voller Demut und Liebe. Sie liebt ihren Gott, aber es scheint fraglich, ob Gott die Liebe dieser aufbegehrenden und fordernden Dichterin erwidert hat.

Christine Lavant, während des Ersten Weltkrieges in Kärnten geboren und 1973 in Wolfsberg gestorben, gehört noch immer zu den unbekannteren deutschsprachigen Dichterinnen, trotz des Fürspruchs von Ilse Aichinger und Thomas Bernhard. Dabei steht ihr 1956 erschienenes Buch »Die Bettlerschale« gleichrangig neben der im selben Jahr veröffentlichten »Anrufung des Großen Bären« von Ingeborg Bachmann: Es war das Jahr, in dem Benn und

Brecht starben, die beiden agnostischen Dichter, die den Himmel leer geräumt hatten.
In diese pragmatisch gewordene Welt, als deren negative Chronisten bald Beckett und Ionesco gefeiert wurden, ragen die naturmystischen Versenkungen der Christine Lavant wie unzeitgemäße Zaubersprüche. Man kann sich kaum vorstellen, daß sie »gemacht« wurden; eher schon, daß eine dunkle Inspiration sie hervorgebracht hat. »Überhaupt ist mir das Dichten so peinlich«, hat sie einmal geschrieben, weil sie offenbar selbst am tiefsten von dem überrascht war, was sich auf dem Papier versammelte.
Dabei sind nicht nur die Vorbilder erkennbar, Rilke und Trakl vor allem, sondern es wird auch die Arbeit des Gehörs deutlich: Die vielen Doppelvokale (auf, Laub, Tau, grau, traurig) und die versteckten Reime zwingen den Leser, der Stimme der Dichterin in die schattigen Bezirke ihrer Einbildungskraft zu folgen. Ich kann mir gut vorstellen, daß viele heutige Leser diese exzentrische, schwermütige Poesie ablehnen.
Ich selbst dagegen werde immer wieder von ihrem magisch-lockenden Lyrismus eingefangen, gerade weil er eine Welt beschwört, die mit unserer Realität nichts, aber auch gar nichts gemein hat. Auf jeden Fall muß man immer an die arme Frau aus dem Lavant-Tal denken, wenn man, auf langen Spaziergängen, plötzlich sieht, wie das Grummetgras der hingestreckten Nebelkatze ins graue Fell greift.

ERICH FRIED
LINKS RECHTS LINKS RECHTS

Wenn ein Linker denkt
daß ein Linker
bloß weil er links ist
besser ist als ein Rechter
dann ist er so selbstgerecht
daß er schon wieder rechts ist
Wenn ein Rechter denkt
daß ein Rechter
bloß weil er rechts ist
besser ist als ein Linker
dann ist er so selbstgerecht
daß er schon rechtsradikal ist

Und weil ich
gegen die Rechten
und Rechtsradikalen bin
bin ich gegen
Linke
die denken
daß sie besser sind
als die Rechten
Und weil ich gegen sie bin
denke ich manchmal
ich habe ein Recht zu denken
daß ich doch besser als sie bin

THOMAS ANZ
LECHTS UND RINKS

Nein, an den ästhetischen Witz des genialen Wortspiels von Ernst Jandl reicht dieses Gedicht nicht heran: »lechts und rinks / kann man nicht / velwechsern«. Dort dementiert die Verwechslung von Buchstaben die Behauptung unverwechselbarer politischer Positionen. Mechanismen des Versprechens oder Verschreibens, wie sie Freud in seiner »Psychopathologie des Alltagslebens« beschrieben hatte, werden hier artifiziell imitiert. Versehentliche wie künstlich erzeugte Fehler können den Sinn einer sprachlichen Äußerung auf überraschende Weise unterlaufen.
Nach Jandls längst zu geflügelten Worten gewordenen Zeilen ließ sich die Erfahrung, daß scheinbar völlig konträre Einstellungen zuweilen erstaunliche Gemeinsamkeiten haben, nicht bündiger formulieren. Erich Frieds Gedicht zum gleichen Thema hat freilich seine eigenen Qualitäten. Die Buchstaben oder Laute beläßt der Autor hier wie auch sonst in seiner Lyrik zwar an ihrem richtigen Ort, aber ein geradezu besessener Spieler mit dem Material der Sprache ist auch er. Die Spielregel, die Fried sich beim Schreiben immer wieder selbst auferlegt hat, lautet etwa so: »Verwende eine begrenzte Menge gleicher oder im Klang ähnlicher Wörter und arrangiere sie in leicht variierten Abfolgen so, daß sich überraschende Sinneffekte ergeben!« In diesem Fall gehören zum Spielmaterial neben einigen anderen Wörtern vor allem diejenigen, die schon im Titel stehen. Sie nehmen sich dort noch aus wie Befehle,

nach denen man zu marschieren hat. Das Spiel mit ihnen bringt deren stupiden Rhythmus durcheinander.
Gewiß, Frieds Spiel nach dieser Regel hat bessere Gedichte hervorgebracht. Doch auch dieses lohnt sich zu lesen. Es ist ein für ihn typisches Gedicht, enthält eine bedenkenswerte Einsicht und bereitet auch deshalb Vergnügen, weil es ziemlich raffiniert gemacht ist.
Es beruht freilich zunächst auf einer fragwürdigen Voraussetzung. Die suggestiven Verführungskräfte der Sprache überspielen sie. »Rechts« und »selbstgerecht« scheinen, weil sie dieselbe Laute enthalten, auch inhaltlich verwandt zu sein. Diese Suggestion wird bis zum Ende des Gedichts aufrechterhalten und zugleich ad absurdum geführt. Ein Linker, der denkt, besser zu sein als sein politischer Gegner, ist »selbstgerecht«, demnach also selbst ein Rechter. Damit bleibt das Gedicht noch ziemlich simpel und ähnlich plakativ wie das Denken, gegen das es sich richtet. Erheblich raffinierter wird es erst mit den letzten vier Zeilen: Wer derart gegen die Selbstgerechtigkeit der Rechten wie der Linken anschreibt, entgeht damit dem Makel der Überheblichkeit selbst keineswegs. Indem das Ich »ein Recht« zu haben glaubt, sich besser als die selbstgerechten Rechten und ihre linken Verwandten zu dünken, bleibt es, der sprachlichen Suggestion nach, den Rechten nahe.
Dieses »späte« Gedicht Frieds erschien 1981, als der »Kalte Krieg« noch nicht zu Ende war und auch im Inneren Westeuropas die Kämpfe zwischen links und rechts, in die der Autor massiv involviert war, mit erstarrter Routine geführt wurden. Die Zeilen lesen sich in der Erinnerung daran wie ein Friedensangebot oder Ausbruchsversuch. Sie waren jedenfalls dazu geeignet, im Spiel mit Denk- und Sprachschablonen die Verhärtungen der Fronten aufzu-

weichen, und sie verweisen noch heute auf eine Persönlichkeit, zu deren Überzeugungskraft die Zweifel an sich selbst gehörten.
Fried starb im November 1988, als die Epoche, in der er lebte und schrieb, kurz vor ihrem Ende war. Als Text gegen den Dünkel nicht nur politischer, sondern zugleich auch moralischer, religiöser, nationaler oder ethnischer Selbstgerechtigkeit gelesen, vermag dieses Gedicht den Autor und seine Zeit zu überdauern. Vor allem jedoch mit der Einsicht, daß man dem Mechanismus der Selbstaufwertung durch Abwertung anderer kaum entkommen kann. Wer gegen jemanden ist und ihn herabsetzt, folgt neben noch so guten Gründen auch einem persönlichen, ganz unsachlichen Bedürfnis. Er will sich selbst »besser« fühlen. Das Ich in dem Gedicht veranschaulicht dies am Beispiel der eigenen Person. Das macht es glaubwürdig und mir zugleich den Autor einmal mehr sympathisch.

FRIEDRICH DÜRRENMATT
KRONENHALLE

1.
Ich bin an wenigen Orten daheim

Im Haus über dem See

Auf der andern Seite des Monds

Auf der Bühne des Schauspielhauses
Umstellt von Kulissen

Und in der Kronenhalle
In Mutter Zumstegs Reich

Die Leberknödelsuppe dampft
Aldo kommt mit dem Wagen angerollt
Und ich denke über einen Auftritt der Giehse nach

2.
An den Nachmittagen zwischen drei und vier
  Am Tisch
Zwischen den Glasscheiben

Wie hinter Silberstaub schläft die Katze
  Auf der Bank in der Ecke
Kein Gast wagt sie zu stören

Vor blauen Tramwagen manchmal
  Bewegen sich die Vorhänge

Geisterhaft auf die gleiche Scheibe gespiegelt
  Erscheint aber auch
Mein Gesicht und die fernere Theke

Schiebt sich
  Der Hintergrund vor den Vordergrund.

HEINZ LUDWIG ARNOLD
ÜBERALL UMSTELLT VON KULISSEN

Maler wollte Friedrich Dürrenmatt einmal werden – und wurde dann ein Schriftsteller, der seine Worte auf der Bühne in Bilder setzte; und Bilder nebenher zeichnete und malte, naiv, aber ausdrucksstark. Er tat es, um sich vom Schreiben zu erholen. So beiläufig hat er auch die wenigen Gedichte geschrieben, die von ihm überliefert sind, viel weniger übrigens als Bilder. Denn die meisten, die im Band seiner »Ausgewählten Gedichte« abgedruckt sind, stammen aus Stücken: es sind Songs, Psalmen, Chöre. Nur gut zwei Dutzend Gedichte sind frei und selbständig verfaßt. Sie formulieren eine politische Botschaft wie die frühen »Schweizer Psalmen«, sie sind Freunden zugeschrieben wie dem Schauspieler Willy Birgel oder dem Maler Varlin, sie erfassen eine momentane Stimmung wie der »Blick durchs Fenster«, oder sie geben einen »dramaturgischen Rat«.

Das Gedicht »Kronenhalle« ist auf dem Weg zum Bild: Es nähert sich ihm von außen und gedanklich. Doch ich stelle mir vor, daß es aus der im zweiten Teil gemalten Situation heraus entstanden ist, unmittelbar und spontan: die nach dem Essen, beim Kaffee und beim Pflümli entworfene Skizze eines Stillebens, die nachträglich in einen größeren Rahmen gestellt wird.

Es ist eine vertraute Situation. Wenn Dürrenmatt am Zürcher Schauspielhaus inszenierte, verbrachte er die Pausen zwischen den Proben stets in der »Kronenhalle«, spät, wenn die meisten Gäste schon gegessen hatten, und meist allein, um über die Arbeit vom Vormittag nachzudenken: die dramaturgischen Erkenntnisse der Proben in den Stücktext umsetzend, alte Szenen umschreibend oder neue erfindend, die Auf- und Abtritte seiner Schauspieler bedenkend. Manchmal, wenn es »hakte«, wie er sich ausdrückte, lud er in den Pausen auch Schauspieler zum Essen ein, um mit ihnen unter vier Augen ihre Rollen durchzusprechen. Hier in der »Kronenhalle« hatte Dürrenmatt seinen Stammplatz, in einer Ecke, die von Glasscheiben etwas abgeschirmt wurde. Sie verschafften dem Dramatiker den angemessenen Ort, mitten im Zentrum eines Spiegelkabinetts, das ihn unansprechbar machte und ihm zugleich den Durchblick ermöglichte.

Er überschaut das Lokal, in dem es nun ruhig ist; denn auf einer Bank hinter einer der Scheiben schläft die Katze der Wirtin. Und schauend wird ihm das Lokal zur Bühne: Vorhänge bewegen sich manchmal und geben den Blick frei auf Straßenbahnen, die wie Kulissen vorbeischwimmen; auch die hinter ihm liegende Theke erscheint auf der Scheibe und schiebt sich in dem Moment, da er sie erkennt und betrachtet, ebenfalls wie eine Kulisse vors Spiegelbild seines Gesichts.

An diesem Ort, im kostspielig köstlichen Reich der Wirtin Hulda Zumsteg, fühlte sich Friedrich Dürrenmatt aufgehoben, da war er daheim wie auf der Bühne des Schauspielhauses; und auch umgeben von zahlreichen Bildern, Hinterlassenschaften jener vielen Maler, die in der »Kronenhalle« dafür aßen, auch von Dürrenmatt hängen dort Bilder, für die er gute Mahlzeiten genossen hat. Dort konnte er sich heimisch fühlen, daheim wie in seinem Haus über dem Neuenburger See, das auch voller Bilder hing und dem das gesamte Alpenpanorama eine dauerhaft großartige Kulisse und zuweilen dramatische Naturschauspiele lieferte. Dort also, hinter dem Mond, wo für Dürrenmatt seit je jene Schweiz lag, die er trotz aller Kritik immer als seine ureigenste Heimat empfunden hat.

Übrigens dürfte das Gedicht, das sich im Nachlaß undatiert fand, während der Proben zu der Uraufführung der »Physiker« im Februar 1962 am Schauspielhaus Zürich entstanden sein. Dürrenmatt hatte darin die Rolle des Irrenarztes, weil Therese Giehse, die das Stück gelesen hatte, sie unbedingt spielen wollte, über Nacht in die weibliche Rolle der Mathilde von Zahnd umgeschrieben. Weshalb er wohl, während Aldo, der Servierkellner, mit dem Speisewagen anrollte, immer noch über den Auftritt der Giehse nachdachte.

ILSE AICHINGER
WINTERANTWORT

Die Welt ist aus dem Stoff,
der Betrachtung verlangt:
keine Augen mehr,
um die weißen Wiesen zu sehen,
keine Ohren, um im Geäst
das Schwirren der Vögel zu hören.
Großmutter, wo sind deine Lippen hin,
um die Gräser zu schmecken,
und wer riecht uns den Himmel zu Ende,
wessen Wangen reiben sich heute
noch wund an den Mauern im Dorf?
Ist es nicht ein finsterer Wald,
in den wir gerieten?
Nein, Großmutter, er ist nicht finster,
ich weiß es, ich wohnte lang
bei den Kindern am Rande,
und es ist auch kein Wald.

WALTER HINCK
REQUIEM IN DUR

In gut einem Drittel aller Texte des Bandes »Verschenkter Rat«, in dem Ilse Aichinger Gedichte aus der Zeit zwischen 1958 und 1978 vereinigte, tauchen die Motive Schnee und Winter auf. Nichts wird zur eindringlicheren Metapher als der Schnee. Das Heu erwartet den ersten Schnee, »der ihm den Himmel nehmen wird«. Aber »aus der Ferne« kann Gott »über dem Schnee« gesehen werden. Menschen, Fremde können »aus Schnee« sein. Im Schnee erscheinen »die goldenen Füchse«. Das »Findelkind«, »dem Schnee untergeschoben«, wird von einem »tollen Fuchs« gewärmt. Tatsächlich sah Ilse Aichinger während ihrer Nachkriegsjahre in Bayern und, zwischen 1963 und 1984, in Großgmain bei Salzburg monatelang eine Landschaft im Schnee.

»Winteranfang«, »Winterfrüh« oder »Winter, gemalt« sind Gedichttitel von einiger Anschaulichkeit. Schon unbestimmtere Erwartungen weckt »Winterrichtung«. Und »Winterantwort«? »Winterliche« Antwort oder Antwort in winterlicher Zeit? Die Bedeutung bleibt in der Schwebe. Unzweifelhaft ist der Bezug zur Großmutter, die Anrede an die Tote. Mehrfach im Gedichtband wird die Großmutter genannt; die Erinnerung an sie ist intensiver als die Erinnerung an die Mutter. Nach der Scheidung der Eltern (1927), eines nichtjüdischen Lehrers und einer jüdischen Ärztin, nahm sich in Wien vor allem die jüdische Großmutter des Kindes an. Unauslöschlich eingebrannt ins Gedächtnis der Enkelin hat sich die Deportation der Großmutter in den Osten im Jahre 1942. So bietet sich dem Leser ein biographischer Kompaß, der ihm die Orientierung im Gedicht erleichtert. Ein Passepartout ist auch er nicht. Sie stelle, so hat Ilse Aichinger einmal gesagt, keine Zusammenhänge her, solange sie vermeidbar seien.

Beim Lesen der ersten beiden Verse meint man ein Echo auf den Anfangsvers von Terzinen Hugo von Hofmannsthals mitzuhören: »Wir sind aus solchem Zeug wie das zu Träumen.« Ilse Aichinger kannte aus ihrer Kindheit die Umgebung der Wiener Wohnung Hofmannsthals, und sie mag später den berühmten Vers im Ohr gehabt haben. Aber wie ein Gegenwort liest sich ihr Text. Von Träumen, die »in uns« sind und »immer Leben« haben, wissen ihre Verse nichts. Denn ihr Gedicht ist eine Totenklage. Es klagt nicht an, beschwört keine Torturen der Verschleppung und nicht das schreckliche Ende. Es beklagt die Verluste, das Erloschensein der Sinneswahrnehmungen: des Sehens, des Hörens, des Schmeckens, des Riechens und des Tastens, der Hautempfindlichkeit. Aber die Reihung bleibt nicht beim aufzählenden Benennen, dem metaphorischen Auftakt (das Weiß der Wiesen steht für die winterliche Landschaft) antwortet eine Verknüpfung eigentlich sich ausschließender Vorstellungen: die Wahrnehmung des Himmels durch den Geruchssinn. Ein Himmel von unerhörter sinnlicher Gegenwärtigkeit wird hier vermißt, nur die Wendung »zu Ende« deutet Metaphysisches an. Das Bild der an Mauern wund geriebenen Wangen mag auf ein bestimmtes Kindheitserlebnis zurückgehen.

Kindheit wird auch in den folgenden Versen zurückgeholt: im Märchenrequisit des finsteren Waldes. In die Finsternis geriet tatsächlich die Familie nach dem »Anschluß« Österreichs, als die Zeit der Willkür begann. Aber das »Nein« leitet im Gedicht eine Wende ein, den Übergang in die Nachvergangenheit. Sie ist »nicht finster« – als Zeugen werden die Kinder aufgerufen. (Das Gedicht entstand vor dem Tod des Sohnes Clemens, des Schauspielers und Schriftstellers.) So ist denn »Wald« auch nicht der angsteinflößende Wald der Kindheit und der Märchen.

Wenn das Gedicht mit einer Aufhellung schließt, so erschwindelt es keine Harmonie und widerruft nicht die Klage um das Verlorene. Es wird auf eine wohl nur Ilse Aichinger zu Gebote stehende Weise einer Welt gerecht, die »Betrachtung« verlangt: Aufnahme mit allen Sinnen und Nerven und zugleich abwägende Reflexion. Die Klage um den Verlust ruft das Bild einer Großmutter zurück, die – solange sie durfte – alle Poren zur Welt geöffnet hielt. So wird das Gedicht zum Requiem in Dur.

INGEBORG BACHMANN
WAS WAHR IST

Was wahr ist, streut nicht Sand in deine Augen,
was wahr ist, bitten Schlaf und Tod dir ab
als eingefleischt, von jedem Schmerz beraten,
was wahr ist, rückt den Stein von deinem Grab.

Was wahr ist, so entsunken, so verwaschen
in Keim und Blatt, im faulen Zungenbett
ein Jahr und noch ein Jahr und alle Jahre –
was wahr ist, schafft nicht Zeit, es macht sie wett.

Was wahr ist, zieht der Erde einen Scheitel,
kämmt Traum und Kranz und die Bestellung aus,
es schwillt sein Kamm und voll gerauften Früchten
schlägt es in dich und trinkt dich gänzlich aus.

Was wahr ist, unterbleibt nicht bis zum Raubzug,
bei dem es dir vielleicht ums Ganze geht.
Du bist sein Raub beim Aufbruch deiner Wunden;
nichts überfällt dich, was dich nicht verrät.

Es kommt der Mond mit den vergällten Krügen.
So trink dein Maß. Es sinkt die bittre Nacht.
Der Abschaum flockt den Tauben ins Gefieder,
wird nicht ein Zweig in Sicherheit gebracht.

Du haftest in der Welt, beschwert von Ketten,
doch treibt, was wahr ist, Sprünge in die Wand.
Du wachst und siehst im Dunkeln nach dem Rechten,
dem unbekannten Ausgang zugewandt.

RUTH KLÜGER
DER UNBEKANNTE AUSGANG

Wohl der bekannteste Satz von Ingeborg Bachmann lautet: »Die Wahrheit ist dem Menschen zumutbar«. Unser Gedicht fordert die Wahrheit, wenn auch mit der grundlegenden Abwandlung von der Abstraktion »Wahrheit« zu dem Seienden, »was wahr ist«. Doch das Gedicht sagt uns nicht, woraus das Wahre denn besteht, ob Vision, Ideal oder die schlichte Wirklichkeit. Wir erfahren nur, wie es sich offenbart, beziehungsweise was es unterläßt. Es treibt Sprünge in die Wand des Gefängnisses Welt, es streut dir keinen Sand in die Augen. Nach dieser anscheinend klaren Aussage liefert uns der Text jedoch rätselhafte Bilder und geht sprungartig von einem zum anderen über, wobei hier und da ein Lichtblick etwas zu verdeutlichen scheint, der nächste Vers das Halbverstandene aber wieder verwischt.

Einigermaßen deutlich sind zunächst die biblischen Anspielungen. Im vierten Vers ist die Wahrheit wie ein Engel der Auferstehung, der den Stein vom Grabe des in Schlaf und Tod befangenen Menschen rückt. In der fünften Strophe erinnern die Tauben, die einen Zweig in Sicherheit bringen sollen, an Noahs Taube, die Kundschafterin am Ende der Sintflut, wobei »der Abschaum« aus den Wellen der rückgehenden Flut stammen könnte. Das aber höchstens als Doppelbedeutung, denn die vorhergehenden »vergällten Krüge« lassen eher auf Bierschaum schließen. Ebenso willkürlich oder wortspielerisch zweideutig ist das Wort »Kamm« in der dritten Strophe. »Was wahr ist«, kämmt die Erde und rauft ihr dabei die »Haare« aus. Doch als »geschwollener Kamm« wird daraus eher der Kamm eines aggressiv erregten Hahns. Dann wäre »was wahr ist« ein Vogel, dessen Schnabel in den Menschen »schlägt« (Vers 12). Wahr ist, was dich überfällt, in dich einschlägt, dich verrät (also dich verändert?).

Ähnlich passiv erscheint der Mensch in der folgenden vierten Strophe, wo er der »Raub« des Wahren wird. Das Bild vom ausgetrunkenen Menschen (Strophe 3) erinnert an Verse von Bachmanns Freund Paul Celan: »An den langen Tischen der Zeit / Zechen die Krüge Gottes. / Sie trinken die Augen der Sehenden leer und die Augen der Blinden. / ... / sie führen das Leere zum Mund wie das Volle / und schäumen nicht über wie du oder ich.« Beide Gedichtstellen beunruhigen durch diese angedrohte Passivität.

Im faulen Zungenbett der zweiten Strophe wohnt vermutlich eine Sprach- und Denkfaulheit, die an Lüge grenzt und vor sich hin vegetiert (»Ein Jahr und noch ein Jahr...«), während die Wahrheit die Vergänglichkeit besiegt, die Zeit »wettmacht«. Die letzte Strophe mit ihrer scheinbaren Sicherheit, die uns einen Ausweg aus dem Gefängnis verspricht, erinnert an Platons Höhlengleichnis, in dem die Menschen Schatten und Schemen für die Wirklichkeit halten, während das wahre Leben draußen im Sonnenschein stattfindet. Hier wird dem Menschen, der »nach dem Rechten« sehen soll, wieder eine aktive Rolle zugestanden.

Ein Freund sagt mir: »Ich mag keine Gedichte, die mich an der Nase herumführen.« Tatsächlich scheint die Dichterin es darauf angelegt zu haben, uns zu verunsichern, und reizt uns mit Vorbedacht zum Herumrätseln. Der Sprachduktus tendiert zur Unwiderlegbarkeit, doch die Einzelheiten widerstehen der Deutung. In dieser Gegensätzlichkeit ist, meine ich, die Substanz des Gedichts enthalten. Die einprägsamen Bilder sind obskur in einem Zusammenhang, der uns mit der Hoffnung auf Eindeutigkeit ködert.

Es gibt Gedichte, die nicht entschlüsselt sein wollen, die zwar einen Gedankengang andeuten, ihn aber mit Vorbedacht nicht fortsetzen, sondern den Leser in einem Zustand der unerfüllten Erwartung belassen. Wenn Anfang und Ende uns auf ein didaktisches Gedicht vorbereiteten, so ist die rätselhafte Mitte eher prophetisch. Das Problem wird nicht gelöst, es wird uns nur noch einmal ans Herz gelegt.

»Es steht geschrieben« und »es ist uns gesagt« – doch die verschlüsselten Heilsverheißungen bleiben unerforschlich.

HEINER MÜLLER
HERZ DER FINSTERNIS NACH JOSEPH CONRAD

Für Gregor Gysi

Schaurige Welt kapitalistische Welt
(Gottfried Benn nach einem Radiogespräch mit
Johannes R. Becher 1930)

In der Valuta-Bar des Hotels METROPOL
Berlin Hauptstadt der DDR bemüht sich
Eine polnische Hure Gastarbeiterin
Um einen Greis mit Schnupfen
Zwischen den Kapiteln seines Vortrags
Über die Freiheit in den USA
Rotzt er ins Taschentuch und schreit nach einem
Abfalleimer
Noch im Griff des Mitleids mit ihrem schweren Beruf
Höre ich zwei Geschäftsreisende
Bayern dem Geräusch nach
Asien verteilen: ALSO MALAYSIA TÄT MIR GFALLN
THAILAND AUCH KOREA GHÖRT DAZU
ALSO DAS KREUZSCHIENENSYSTEM FÜR DEN
JEMEN
TÄT ICH NOCH PLANEN DANN
HAT SICH DIE SACHE
CHINA GHÖRT AUCH DAZU
CHINA IST ALS EINZIGES PROJEKT VERKAUFT
WORDN

In der S-Bahn ZOOLOGISCHER GARTEN
FRIEDRICHSTRASSE
Habe ich zwei DDR-Bürger kennengelernt
Einer erzählt Mein Sohn drei Wochen alt
Wurde geboren mit einem Schild vor der Brust
ICH WAR AM NEUNTEN NOVEMBER IM WESTEN
Meine Tochter gleichaltrig Ich habe Zwillinge
Trägt die Aufschrift ICH AUCH
THE HORROR THE HORROR THE HORROR

JOACHIM SARTORIUS
SIECHTUM EINER EPOCHE

Heiner Müller hat, wenn man schrecklich vereinfacht, zwei Sorten von Gedichten geschrieben: lyrische, einfache im Heine-Ton und zeitgeschichtliche Collagen. Hier haben wir es mit einem herausragenden Produkt des politischen Collagisten Heiner Müller zu tun, der einen kalten, einen heißen Blick auf das Räderwerk der Geschichte am Ende des zu Ende gegangenen Jahrhunderts wirft. Die Sehnsucht nach einem Tacitus oder Sallust, die sich des Untergangs der DDR annähmen, bläht diese verzweifelt um Kontrolle bemühten Zeilen.

Der Bezüge sind so viele, daß sich auch für den Kommentaristen das Prinzip der Collage empfiehlt. Das Gedicht ist Gregor Gysi gewidmet. Heiner Müller schätzte Gysi, weil er in ihm die Zukunft einer intelligenten Linksorientierung aufgehoben sah. Ein Zitat von Gottfried Benn – aus einem 1930, also vor der Machtergreifung Hitlers geführten Gespräch mit dem späteren Kulturminister der DDR, Johannes R. Becher – ist dem Gedicht vorangestellt. In diesem nie publizierten, von Heiner Müller wieder entdeckten »Radiogespräch« wirft Benn dem früheren expressionistischen Weggenossen vor, sich ganz in die Arme des Moskauer Tyrannen zu begeben. Becher, der nach eigenem Bekunden »ein Benn hätte werden können«, wirft seinerseits diesem Benn Abmüdung, Dekadenz, Nihilismus vor. Einig sind sich die beiden nur in der Ablehnung der kapitalistischen Raubwelt – kabarettistisch exemplifiziert am

Dialog der zwei bayerischen Geschäftsreisenden im Hotel Metropol. Dieses Gespräch zwischen Benn und Becher, Zusammenstoß von zwei Systemen *bien avant la lettre*, gibt die Folie, auf der Heiner Müller seine Wahrnehmungen, ob in der Valuta-Bar oder in der S-Bahn, ordnet. Die Zeichen stehen auf Zusammenbruch der DDR und auf den Sieg eines Systems, das für Heiner Müller Finsternis und Schrecken bedeutet.

Diesem Gedicht fehlt die Gelassenheit, auch die Ironie, die sonst die späten Gedichte Heiner Müllers auszeichnen. Der Polyphonie der Stimmen entspricht eine nüchterne Musikalität. Die Fülle des Textes zwingt den Leser, von den Einzelheiten zurückzutreten: Er nimmt das Siechtum einer Epoche, das Ende einer Utopie in den zitierten Worten wahr. Es geht hier nicht nur um eine »Wahrheit«, die man zu glauben besaß. Es geht genauso um die Skepsis dem Neuen gegenüber, um die Geißelung der Landsleute, die einschwenken. Aber das schreckliche Wahrheitszentrum des Gedichts birgt die drittletzte Zeile. Heiner Müller hat seine kleine Tochter innig geliebt. Auch sie trägt, ob sie es will oder nicht, ob er es will oder nicht, das »Mal« des 9. November. *THE HORROR*. So verschränken sich Elemente unseres Jahrhunderts in lakonisch persönlichster Form: Ideologie und Niederlage, Hoffnung und allergrößte Verzweiflung.

Viele Gedichte Heiner Müllers sind ein Aufstand der Toten gegen das Vergessen der Lebenden. Seine Hoffnung war, daß die Schubkraft des Erinnerns explosionsartig das Kontinuum der Geschichte aufbrechen könnte. Hier ist es umgekehrt, und das macht dieses Gedicht so bewegend: Die gerade Geborenen wissen nichts von der Geschichte. Das Erinnern mag insofern nichts ausrichten können. Hier spricht einer, der in der Erfahrung der Wendezeit seine Hoffnungen betrogen sieht, der die Maske der Gelassenheit zur Seite legt, der nicht mehr fähig ist zum »kältesten Einblick«. Das rührt uns und macht dieses Gedicht in seiner Tiefenschicht – als autobiographische Metapher – zu einem bemerkenswerten lyrischen Dokument.

PETER RÜHMKORF
HOCHSEIL

Wir turnen in höchsten Höhen herum,
selbstredend und selbstreimend,
von einem Indivdiduum
aus nichts als Worten träumend.

Was uns bewegt – warum? wozu? –
den Teppich zu verlassen?
Ein nie erforschtes Who-is-who
im Sturzflug zu erfassen.

Wer von so hoch zu Boden blickt,
der sieht nur Verarmtes / Verirrtes.
Ich sage: wer Lyrik schreibt, ist verrückt,
wer sie für wahr nimmt, wird es.

Ich spiel mit meinem Astralleib Klavier,
vierfüßig – vierzigzehig –
Ganz unten am Boden gelten wir
für nicht mehr ganz zurechnungsfähig.

Die Loreley entblößt ihr Haar
am umgekippten Rheine ...
Ich schwebe graziös in Lebensgefahr
grad zwischen Freund Hein und Freund Heine.

HEINZ LUDWIG ARNOLD
ZWISCHEN DER LORELEY UND DEM VERSEUCHTEN RHEIN

In der Mitte seines Lebens hat Peter Rühmkorf sich dieses schöne Gedicht auf den Leib geschrieben, in dem er über die herausgehobene Existenz des Künstlers und insbesondere des Schriftstellers anschaulich nachdachte, der, wie ein Tänzer auf seinem Hochseil, auf die Welt »herab« blickt und dabei ständig in Gefahr ist, auf sie hinabzustürzen.
Das ist ein eingängig tönender, leichtmündig singbarer Text. Doch er steckt voller Vertracktheiten und Spannungen: Ein ungebundenes lyrischen WIR träumt von einem Unteilbaren, einem (noch) unbekannten, unerforschten Individuum, das es mit Worten ergreifen, das es schaffen, ja das es werden möchte. Indem es dies mit handfesten poetischen Mitteln versucht und die Spannungen, von denen es spricht, auf dem Weg vom Vers zur Strophe mit farbigsten Klängen und Reimen ausbalanciert, verwandelt sich das lyrische WIR tatsächlich in das erträumte Individuum, das aus nichts als aus Wörtern besteht und das wir Gedicht nennen.
Rühmkorf hat es ein »Vorführgedicht« genannt, ein »poetisches Exerzitium, das sein eigenes Programm vorzuturnen versucht«. Es artikuliert aber mehr als diese hochartifizielle Selbsterklärung. Seine Spannung gewinnt es aus Gegensätzen und Ambivalenzen. Da ist das Gegenüber von Autor – »wer Lyrik schreibt« – und Leser: Der eine,

der Autor, ist verrückt, der andere, der Leser, der sie wahr-, gar für wahr nimmt, wird verrückt.
Oder da ist der gegensätzliche Blick auf die Wirklichkeit: Aus allzu großer Entfernung betrachtet, erscheint sie armselig und irrgängig; andersherum halten jene, die da unten in dieser armseligen Wirklichkeit herumirren, von den Dichtern, die sie aus so großer Ferne ansehen und beschreiben, nichts, ja sie halten sie gar für unzurechnungsfähig. Da gibt es offenbar nichts mehr zu vermitteln zwischen Wirklichkeit und Kunst.
Der Dichter kann die Wirklichkeit nicht verändern. Aber er beharrt dennoch darauf, mit und in seiner Sprache das Abbild, die Metapher zu versuchen, die der Wirklichkeit, wenn schon nicht beikommen kann, so aber doch ihren Bewohnern zu einer aus der Norm gerückten Anschauung verhelfen möge. Dies ist das Metier, das der Künstler beherrscht: Das Ich spielt (»Klavier«) auf seinem Seelenleib, produziert also Kunst: »vierfüßig – vierzigzehig«, schafft nur bildhafte Vorstellungen von der Wirklichkeit. Für was stehen die? Für kreatürliche Lust, wild Animalisches? Oder für eine krankhaft veränderte Welt?
Die Konfrontation von romantischer Anschauung und realistischer Einschätzung, also zwischen der lockenden Loreley oben und dem verseuchten Rhein unten signalisiert eine aus den Fugen geratene Welt, deren Abbild so eben mal noch im Gedicht, in Rhythmus und Reim, ordentlich verfugt wird. Zwar ist der Dichter bedroht, als Gattung und als Individuum, als Mensch und Künstler – doch dem Künstler erlaubt dieser Schwebezustand zwischen Wirklichkeit und Kunstcharakter, diese Leichtigkeit des gelungenen Gedichts, der Erdenschwere wenigstens für ein Weilchen zu entkommen. Es allein ist seine Legiti-

mation: »aus einem Fast an Nichts nochmals was Schwebendes zu machen«, wie es in Rühmkorfs Gedicht »Nietzsche zur Lehre« heißt; es ist seine Kunst – und sein Leben.

»Hochseil« ist eben nicht nur ein poetologisches »Vorführgedicht«, sondern es artikuliert auch das literarische Glaubensbekenntnis Peter Rühmkorfs, und zwar, typisch für Rühmkorf, als griffige Formulierung und poetische Formel.

ROR WOLF
DER VATER SPRICHT VON DEM FRANZOS

der vater spricht von dem franzos
des kaisers maßkrug schwarzweißrot
steht zugeklappt auf der kommod
der vater spricht der krieg ist groß

der vater mittlerweile spricht
von dem franzos das kind lauscht still
die mutter lauscht es lauscht die magd
es lauscht der knecht der hund lauscht nicht

magd mutter knecht und kind und hund
die sitzen stumm am heißen herd
der vater spricht von dem franzos
tut auf den mund bis auf den grund

und hebt sein langes schießgewehr
der vater hat die zipfelmütz
die mutter hat die haube an
und knecht und magd die atmen schwer

auf dem gestell der gugelhupf
an dem die mutter gestern buk
auf der kommod der maßkrug steht
und der franzos im unterschlupf

der vater sich die pfeife stopft
moment franzos ist noch nicht tot
das zündholz brennt der maßkrug steht
auf der kommod die standuhr tropft

die mutter hat die haube an
der vater spricht der knecht ist stark
die magd ist rund das kind ist klein
der hund hat seine pflicht getan

der schinken in der kammer hat
die maden und am harten käs
macht sich die ratte fett und pfeift
die fliege schwirrt die magd wird matt

die mutter macht die haube los
das kind muß auf den topf und schreit
und knecht und magd die sind zu zweit
der vater spricht von dem franzos

HUBERT SPIEGEL
DER BLICK IN DIE SPEISEKAMMER MACHT DEM IDYLL EIN ENDE

Ein ländliches Sittenbild, ein Abend auf dem Bauernhof: das lange, eintönige Ende eines langen, eintönigen Tages. Abwechslung gibt es nicht, die Requisiten – Maßkrug und Pfeife, Zipfelmütze des Vaters und Haube der Mutter, Standuhr, Gugelhupf und heißer Herd – kennen die Variation ebensowenig wie die Dialoge. Der Vater raucht die Pfeife. Er tut, was er immer tut und sagt, was er immer sagt: Der Vater spricht von dem Franzos.

Es ist ein Monodrama, das Ror Wolf in seinem Gedicht inszeniert. Hier redet nur einer. Sein Text ist allen im Auditorium nur allzu gut bekannt. Magd, Mutter, Knecht und Kind und Hund sind zum Schweigen verdammt: »die sitzen stumm am heißen Herd«. Alles lauscht, und wie um die Bedeutsamkeit des Vorgang zu betonen, wird jeder Zuhörer einzeln aufgezählt. Nur der Hund lauscht nicht.

Wolfs Wohnstuben-Patriarch ist ein Veteran des Ersten Weltkriegs, der seine Kriegserlebnisse glorifiziert: »der krieg ist groß«, heißt es am Ende der ersten Strophe, und also sind es seine Teilnehmer. Es ist geborgte Größe, die selbstgefällig schwadronierend vorgeführt wird. Aber Wolfs Verse sind kein Antikriegsgedicht, der Krieg ist zum Anekdotenstoff, auf Stubenformat geschrumpft. Die Materialschlachten in den Ardennen sind wie der Maßkrug in den Farben des Kaiserreichs oder die Pfeife Zutaten zu jener bleischweren, sauerstoffarmen häuslichen Gemütlichkeit, die noch in den fünfziger, sechziger Jahren als typisch deutsch gelten konnte.

Gegen diese familiäre Gemütlichkeit ist Wolfs Gedicht gerichtet. Es zeigt den langsamen Verfall der väterlichen Autorität, gar der ganzen Familiengemeinschaft. Denn die Situation, die die ewige Wiederkehr des Immergleichen beschreibt, wird bald ein Ende finden. Noch geht alles den gewohnten Gang, Knecht und Magd atmen schwer unter dem Joch des altbekannten Sermons, der keine Ungeduld erlaubt: »moment franzos ist noch nicht tot«. In der nächsten Zeile scheint das Bild wie eingefroren: »das zündholz brennt der maßkrug steht«. Die Zeit fließt nicht mehr, sondern sie tropft aus der Standuhr wie das Wasser aus dem undichten Wasserhahn: zäh und mit einem nervtötenden Geräusch verbunden. Die folgende, siebente Strophe hält noch einmal das Idealbild fest: Der Vater spricht, die Mutter hat sittsam das Haar unter der Haube verborgen, der Knecht ist stark, das Kind klein, die Magd rund und auch der Hund, eben noch Vorbote drohenden Ungehorsams, hat jetzt seiner Pflicht entsprochen. Alles ist, wie es sein soll.

Nun erfolgt abrupt der Szenenwechsel. Ein Blick in die Speisekammer macht dem falschen Idyll ein Ende und offenbart den Verfall: Im Schinken sitzt die Made, am Käse nagt die Ratte. Mit einem Mal ist alles in Auflösung begriffen: Mutters Haube löst sich, das Kind schreit, Magd und Knecht vergnügen sich miteinander. Der Veteran, Verkörperung des Stillstands und der Gestrigkeit, hat das letzte Wort, dem niemand mehr lauscht. So endet die Familienmoritat des 1932 geborenen Ror Wolf mit dem Schreckbild einer alten, preußisch geprägten Welt, der Disziplinlosigkeit.

SARAH KIRSCH
DATUM

Der kam am 28. Februar, stellte
Sich mir vors Fenster in einem Bärenfall sagte
O wie mir schwindelt. An diese Höhe
Könnte ich dich gewöhnen, Schöner
Lerne mich tragen und ich
Mache mich leicht. Auch soll dir dafür
Manches Wunder passieren: mein Haar
Wird dir durch die Finger wachsen dein Mund
Der Abdruck des meinen du hörst mich fortan
Wenn ich nicht da bin. Sprichst meinen Namen
Hin in die Winde: alles gelingt.
Herzschöner wollen wir Julia und Romeo sein?
Der Umstand
Ist günstig, wir wohnen
Wohl in der gleichen Stadt, aber die Staaten
Unsere eingetragenen Staaten gebärden sich, meiner
Hält mich und hält mich er hängt so an mir wir
Könnten sehr unglücklich sein ach du sprachest
Eben noch mit mir

WALTER HINCK
ROMEO UND JULIA IN BERLIN

In der Lyrik hat am ehesten Liebesdichtung einen autobiographischen Hintergrund. Sarah Kirschs Gedicht »Datum« stammt aus der Zeit ihrer engeren Freundschaft mit dem Schriftsteller und Grafiker Christoph Meckel. Während Meckel in West-Berlin lebte, wohnte sie in einem Hochhaus in Ost-Berlin. So wird der Schwindel, der Höhenschwindel des Mannes am Fenster, verständlich. Auf den autobiographischen Kern verweist auch die genaue Datumsangabe. Doch warnt die Wahl der lyrischen Bilder den Leser vor der Fixierung auf lebensgeschichtliche Details. Auch will bedacht sein, daß an diesem 28. Februar eine Liebesgeschichte allenfalls ihren Anfang nimmt, mit dem Angebot von Möglichkeiten der Liebe.

Aus der Vorstellung des Höhenschwindels entfalten sich die Bilder der folgenden Verse: der Wunsch, getragen zu werden, das Versprechen, sich leicht zu machen. Wunder werden verheißen: das Ineinanderwachsen der Liebenden, der Kuß, die Gegenwärtigkeit auch der nicht anwesenden Geliebten, die Verzücktheit der Liebenden. Diese märchenhafte Liebe steht im Zeichen des Gelingens, des Glücks.

Nun wechselt die Szenerie. »Herzschöner« hält noch an der Sprache des Verzücktseins fest. Dann aber werden die Liebenden in neuen Rollen gedacht, in den Rollen Romeos und Julias. Vergleichbar ist die Situation. Wie in der Tragödie Shakespeares die Liebenden durch den Streit der Patrizierhäuser, so werden sie hier durch den Kalten Krieg zwischen Ost und West getrennt. Verse aus dem Umkreis des Gedichts variieren das Thema in den Klagen, daß »der Freund mir / Abgetrennt ist und in fremder Welt« (»Dem Mai«), daß sie »zerrissen sind« (»Der Milan«).

Sarah Kirschs Sprache kommt in dem Gedicht »Datum« ohne den Gestus der Anklage aus. Statt dessen hier das bewußte Understatement, die nur scheinbar beschönigende Ironie: »Der Umstand / Ist günstig«; die Staaten »gebärden« sich, ihr eigener »hängt« so an ihr. Nur so ließ sich durchhalten, was Sarah Kirschs Schriftstellerkollege und politischer Antipode in der DDR, Peter Hacks, den »Sarah-Sound« genannt hat: »Es geht widersprüchlich her, ohne daß es immerzu knirscht . . . die Sprünge ihrer Einbildungskraft haben guten Grund.« »Das Weiterschwebende wird dem Abschließenden vorgezogen.« Auch dieses Gedicht setzt keinen festen Schlußpunkt, läßt die Antwort des Geliebten offen; das Gespräch ist abgebrochen worden.

Sarah Kirschs Gedichtband »Rückenwind«, in dem das Gedicht steht, erschien 1976 in der DDR und im Jahr ihrer Übersiedlung nach West-Berlin, 1977, auch in der Bundesrepublik. Von poetischer Doppel-, ja Mehrbödigkeit ist das Gedicht. Nur in der Möglichkeitsform wird vom Gelingen und Scheitern der Liebe erzählt, die Alternative ist ein Spiel der Imagination. Und doch bringt das Gedicht durch den Schleier poetischer, gleichnishafter Verhüllung eine zerspaltene Welt zum Vorschein, in der erfüllte Liebe ein Glücksfall bleibt oder nach dem Muster der großen Tragödie zu enden droht. Ein Beispiel hoher lyrischer Kunst.

ROBERT GERNHARDT
NOCH EINMAL: MEIN KÖRPER

Mein Körper rät mir:
Ruh dich aus!
Ich sage: Mach ich,
altes Haus!

Denk aber: Ach, der
sieht's ja nicht!
Und schreibe heimlich
dies Gedicht.

Da sagt mein Körper:
Na, na, na!
Mein guter Freund,
was tun wir da?

Ach gar nichts! sag ich
aufgeschreckt,
und denk: Wie hat er
das entdeckt?

Die Frage scheint recht
schlicht zu sein,
doch ihre Schlichtheit
ist nur Schein.

Sie läßt mir seither
keine Ruh:
Wie weiß mein Körper,
was ich tu?

THOMAS ANZ
KÖRPER UND KOMIK

Die Einsicht, daß das Ich »nicht einmal Herr ist im eigenen Hause«, nach Freud eine der großen Kränkungen, die der »menschlichen Größensucht« zugefügt wurden, ist nicht erst der Psychoanalyse zu verdanken. Sie ist seit jeher eine schier unerschöpfliche Quelle gezielt eingesetzter Komik. Deren Effekte beruhen vielfach auf spielerisch inszenierten Eigenwilligkeiten des Körpers gegenüber dem, was das Bewußtsein will. Jemand stolpert beim Marschieren, muß niesen bei einer feierlichen Rede. Das sind Situationen zum Lachen. Sie machen, so Freud in seiner einschlägigen Schrift über Witz und Komik, auf die Abhängigkeit seelischer Leistungen von körperlichen Bedürfnissen und Unzulänglichkeiten aufmerksam. Das Niveau, auf dem dabei gelacht werden kann, ist freilich unterschiedlich.
Robert Gernhardt, einer der großen komischen Dichter der Gegenwart, hat sich die Konflikte zwischen den Niederungen des Körpers und den erhabenen Ansprüchen des Geistes wieder und wieder zum Gegenstand seiner poetischen Spielsucht gemacht. Von ihr lassen wir uns gerne anstecken. »Noch einmal: Mein Körper«: Warum »Noch einmal«? Das Gedicht steht in dem 1987 erschienenen Band »Körper in Cafés«. Das unmittelbar vorangehende heißt »Siebenmal mein Körper«. Schon dort wollen Ich und Körper nicht das gleiche: »Mein Körper hält sich nicht an mich, / Er tut, was ich nicht darf.« Oder: »Mein Körper macht nur, was er will ...« Also: »Mein Körper ist voll

Unvernunft...« Bereits in einem der ersten Gedichte des Bandes gelingt es den Wünschen der Körpers und dem Bedarf des Ichs partout nicht zu harmonieren: »Als dann die Lust kam, war ich nicht bereit. / Sie kam zu früh, zu spät, kam einfach nicht gelegen.« Die fatale Pointe: »Erst als sie wegblieb, blieb mir für sie Zeit.«

Gegenüber all diesen Versen ist »Noch einmal: Mein Körper« keine bloße Wiederholung. Zum ersten Mal setzen Ich und Körper sich in Form eines Dialogs auseinander, und neu ist, daß hier die Rollen vertauscht scheinen: Unvernünftig ist nun das Ich, es widersetzt sich dem klugen Rat des Körpers. Gernhardt läßt ihn wie einen besorgten und weisen Arzt sprechen. »Mein Körper rät mir: / Ruh dich aus!« Das klingt so ernst und betulich wie jene wohlfeilen, populärmedizinischen Mahnungen, die in der körperbewußten Gesundheitsbewegung seinerzeit geradezu inflationäre Verbreitung gefunden hatten. Der Rat steht hier denn auch, wie die pseudophilosophischen Schlußverse mit ihren Anklängen an die hohe Schule des deutschen Idealismus, nicht ohne parodistische Untertöne da. Das Ich jedenfalls antwortet unbekümmert und eine Stillage niedriger in kumpelhaftem Ton. »Ich sage: Mach' ich, altes Haus.«

Die Verse scheinen, wie auch die übrigen, recht schlicht zu sein, doch diese Schlichtheit ist nur Schein. Hinter dem Schreiben solcher Gedichte stehen vielleicht sogar, ohne daß man es ihnen anmerkt, Anstrengungen, vor denen ärztliche Ratgeber zwanghaft produktive Autoren mit gutem Grund warnen könnten. Jedenfalls sind die Wörter so sorgfältig und artifiziell zusammengestellt, daß das Gedicht insgesamt hohen Ansprüchen an poetische Formprinzipien der Wiederholung, der Variation, des Kontrastes und der Vieldeutigkeit genügt: »Ruh« aus der ersten Strophe taucht als verneintes Reimwort in der letzten wieder auf. Der Gegensatz von sagen und denken ist einmal über zwei Strophen verteilt, dann innerhalb einer Strophe. Bei näherem Hinsehen scheinen sogar ganz harmlose Redewendungen in bewußter Doppelbödigkeit eingesetzt. Der Körper als Haus, in dem das Ich nicht autonom ist: eine Anspielung auf Freud? Und »alt« ist durchaus auch wörtlich zu nehmen. Es ist der alternde Körper selbst, der Ruhe braucht.

Alter und körperliche Hinfälligkeit sind permanente Themen in Gernhardts Lyrik. Der komische Autor ist zugleich melancholisch. Die angemessene Medizin für ihn ist nicht Ruhe, sondern jene milde und gelassene Heiterkeit, die sich über die Widrigkeiten der Existenz zu erheben vermag. Sie stellt sich durch dieses Gedicht ein. Seine Pointe hat es nur scheinbar in der abschließenden Frage. Die eigentliche, heimlichere ist die: Das Ich hat seinen eigenen Willen durchgesetzt und ist dabei einem geradezu körperlichen Bedürfnis gefolgt. Es hat ein Gedicht geschrieben.

VOLKER BRAUN
ZU BRECHT. DIE WAHRHEIT EINIGT

Mit seiner dünnsten Stimme, um uns nicht
Sehr zu verstören, riet er noch beizeiten
Wir sollten einfach sagen wos uns sticht
So das Organ zu heilen oder schneiden.

Ein kräftiges: das ist es, und es kracht
Wenn nicht – (wie bei den Klassikern, die es halt gab)
Ein Eingeständnis, das uns Beine macht.
Das war sein Vorschlag blickend auf sein Grab.

So was ist noch auf dem Papier zu haben.
Wir haben ihn nicht angenommen, nur
Gewisse Termini und die Frisur.

Jetzt trägt man auch die Haare wieder länger.
Das Fleisch ist dicker, und der Geist enger.
So wurde er Klassiker und ist begraben.

WOLFGANG WERTH
WIR HABEN IHN NICHT ANGENOMMEN

»Zu Brecht. Die Wahrheit einigt«: So könnte eine Aktennotiz überschrieben sein. Tatsächlich weist Volker Brauns Sonett aus dem Februar 1975 auf ein Schriftstück, das dessen Urheber 1953 verfertigt und resigniert ad acta gelegt hatte. Für den jungen, zum »Training des aufrechten Gangs« entschlossenen DDR-Poeten Volker Braun aber trägt der postum, im Jahr 1967, erstmals veröffentlichte Text den Stempel »Dringend«.

Daß Brechts Buckower Elegie »Die Wahrheit einigt« nur der Obrigkeit der DDR »sozusagen zu innerem Gebrauch« hätte dienen sollen, das läßt Braun nicht gelten. Er liest dieses Gedicht als Ratschlag für den Souverän der Republik. Die von Brecht als »Freunde« und mit »ihr« Angesprochenen, das waren und das sind für seinen Interpreten: »wir« – die mündigen Bürger, ohne deren Mitwirkung kein Staat zu machen ist und schon gar keine sozialistische Demokratie. Fußnote: Spätestens seit seinem zweiten Gedichtband »Wir und nicht sie« (1970) war Volker Braun Stimme dieses seiner gesellschaftlichen Verantwortung bewußten und politische Mitsprache verlangenden »Wir« – das (vielleicht nur) die Wunsch-Mehrzahl seines eigenen Ichs gewesen ist.

Was Brecht mit eigenen Worten und mit denen des »Klassikers« Lenin »uns« geraten habe, sehr fürsorglich und »noch beizeiten« (bevor es – für ihn ? für »uns« ? – zu spät gewesen wäre), das sagt Braun mit eigenen und mit Brechtschen Worten im Oktett, also in den ersten beiden, aus je vier Versen bestehenden Sonettstrophen. Und er besiegelt seine Darstellung mit einem scheinbar mißratenen Satz, in dem er die von Brecht so gern gebrauchte Form des Präsens-Partizips verwendet: »Das war sein Vorschlag blikkend auf sein Grab.«

Beckmesser würden da ein rotes A (Ausdrucksfehler!) an den Rand schreiben: Was, bitte, will der Dichter sagen? Daß der Vorschlag, mangels Erfolgsaussicht, seiner eigenen Beerdigung entgegengesehen hatte? Oder: daß Brecht, sich dem Tod nahe wissend, »uns« mit diesem Vorschlag ein verpflichtendes Vermächtnis antrug? – Der scharf denkende Volker Braun schreibt auch als Poet nichts Unüberlegtes. Kein Zweifel, die »unklare« Formulierung hat er gewählt, weil sie sich für beide Auslegungen anbietet. Und weil sich mit ihr obendrein der Bezug zu jener Inschrift herstellen läßt, die der fünfunddreißigjährige, keinen Grabstein benötigende Brecht 1933 (!) für den Fall, daß »ihr einen für mich benötigt«, entworfen hatte: »Er hat Vorschläge gemacht, wir haben sie angenommen.«

»Wir haben ihn nicht angenommen«, kontert der zweite Vers des Sextetts. Und wieder sind zuerst der Vorschlag und sodann Brecht selbst gemeint. Das nachgestellte, den Vers zu seinem Reimpartner hin öffnende »nur« mildert nichts. Im Gegenteil: Wenn sich Brechts Nachwirkung darin erschöpft hat, daß »wir« für die kurze Zeit, in der es Mode gewesen ist, das Haar nach seiner Fasson trugen und »unsere« Rede mit manchen seiner Begriffe und Spracheigenheiten schmückten, dann haben »wir« den Dichter, der doch übers Grab hinaus unbequem bleiben wollte, nicht nur »nicht angenommen«, sondern ihn verharmlost und verraten.

Wie ein Abgesang im Namen zynisch gewordener Nachgeborener klänge dieses Sonett, hätte es nicht einer geschrieben, der von Brecht gelernt hat, die Dialektik zu lieben und Gegebenes mittels Verfremdung als das nicht Hinnehmbare anzuzeigen. Volker Braun ehrt 1975 den aus Trägheit und Geistesenge als Klassiker abgestempelten und als solcher begrabenen Brecht, indem er »uns« zu nützen versucht. An den nicht angenommenen Vorschlag erinnernd, erneuert er ihn, auf daß er doch noch angenommen werde. Braun selbst hat ihn bereits angenommen. Ende 1974 nämlich, unmittelbar bevor er das Sonett schrieb, hat er die »Unvollendete Geschichte« geschrieben, seinen bis dahin politisch brisantesten Text, und darin wird in der Tat »einfach« gesagt, »wos uns sticht«. Denn noch will der Autor glauben, daß so das »Organ« DDR zu heilen sei.

Dem Erstdruck der »Unvollendeten Geschichte« (in »Sinn und Form«, Heft 5/1975) folgte deren Unterdrückung. Eine Buchausgabe wurde in der DDR erst 1988 genehmigt. Ein Jahr darauf geschah das, wovor Brecht und Braun vergeblich gewarnt hatten. Es krachte.

HERMANN BURGER
KORIPHÄEN UND KONIFEREN

Zwei Koniferen, kegelförmig geschnitten, mit Spinnweb
  Über und über durchspannt, ecken nadelvermummt
Jakob Hunzikers Denkmal ein an der westlichen Mauer:
  Schwer der Stein aus Granit, glimmergrünlich getönt.
Biegt man die Zweige zur Seite, kommt der »Professor« zum Vorschein,
  Auch der »Doktor hil.«, abgebrochen das p.
Stumpf die einst golden glänzenden Lettern, sie haben den Friedhof-
  Grünspan angesetzt, Hunzikers Name bleibt tot.
Unten aber steht auf dem Gotthardsockel, er lebe
  In seinen Werken fort. Wer kennt noch etwas von ihm?
Wirkte an der Kantonsschule Aarau vier volle Jahrzehnte,
  Hatte den Doktor h. c. für seine Philologie.
Titel um Titel im Nadelgehölz der Friedhofbepflanzung:
  Schüler waren sein Werk, längst bestattet auch sie.

SABINE DOERING
DAS ALPHABET DER VERGÄNGLICHKEIT

»Mitten im Leben vom Tode umfangen« – die mittelalterliche Einsicht in die Allgegenwart des Todes trifft ins Zentrum von Hermann Burgers Werk. Mit jedem neuen Buch, vor allem in seinen wortgewaltigen Romanen, versuchte er der Faszination zu begegnen, mit der ihn der Gedanke an die Vergänglichkeit schon früh in Bann geschlagen hatte. Seine einzige Waffe im Kampf gegen die Verführung durch den Tod handhabte Burger, der von 1942 bis 1989 lebte, mit enormer Virtuosität. Denn allein in der poetischen Sprache, der er immer kühnere Wendungen und neue obsessive Beschreibungen abgewann, fand er eine Möglichkeit, der Macht des Todes eine vitale Kraft entgegenzusetzen.

In den vierzig »Kirchberger Idyllen« des Achtunddreißigjährigen dominiert allerdings der gelassene Ton eines Aufklärers. Im elegischen Distichon, dem traditionellen Versmaß der Totenklage, stellt Burger sich und seinen Zeitgenossen eine nüchterne Diagnose: »Sind wir doch samt und sonders Todes-Analphabeten, / Klammern das Sterben aus, sondern die Leichname ab«. Diese Sprachlosigkeit im Angesicht des Todes, für die er geschmeidige Verse fand, versuchte Burger mit seinen Friedhofsgedichten abzuwehren.

Sein damaliger Wohnwort bot dem Dichter gründliche Anschauung für das Projekt einer Erziehung zum Tode. 1972 hatte Burger das alte Pfarrhaus auf dem Kirchberg in der aargauischen Gemeinde Küttingen bezogen, das unmittelbar an den Friedhof grenzt. Die Zweiteilung der poetischen Welt in die Bereiche »diesseits und jenseits der Mauer« hat in diesen »Idyllen« nichts mit der politischen Wirklichkeit der Nachkriegszeit zu tun, sondern erhebt die Friedhofsmauer zur existenzbestimmenden Erfahrung: Nur wer sich in der Sphäre der Toten auskennt, wird sich auch unter den Lebenden zurechtfinden.

»Koriphäen« entdeckt Burger unter den Bäumen des alten Friedhofs, Berühmtheiten der Aargauer Lokalgeschichte. Jakob Hunziker, dessen Grabmal allmählich der wuchernden Vegetation anheimfällt, lebte von 1827 bis 1901. Der nachgeborene Dichter mußte in dem gebildeten Lehrer zweifellos einen frühen Zunftgenossen erkennen, war doch auch Hermann Burger als Literaturwissenschaftler zu akademischen Ehren gekommen und hatte jahrelang an derselben Aargauer Schule unterrichtet. Hunzikers Ruhm, von dem sich, entgegen der pessimistischen Einschätzung des Gedichts, noch heute Zeugnisse finden, beruhte vor allem auf seiner sechsbändigen Geschichte des schweizerischen Hauses – ein Musterstück tüchtiger Gelehrsamkeit und stupenden Fleißes.

Für den Dichter der Elegie jedoch erweist sich die Berühmtheit des Gelehrten von nur begrenzter Haltbarkeit, denn die physikalischen Prozesse der Verwitterung nehmen auf ehrfurchtgebietende Titel keine Rücksicht. Die stolze Würde des Ehrendoktors mutiert mit der Zeit zu einem absurden Buchstabenrätsel, dessen Sinn sich auch dem Philologen allein in der Abwesenheit jeder wörtlichen Bedeutung erschließt. Als vergänglich offenbaren sich schließlich alle Felder akademischer Anstrengung: Hunzikers ehemals ehrenvoller Name wird nach und nach unlesbar, seine Werke sind vergessen, die Schüler gestorben – so nimmt es jedenfalls der Betrachter wahr, der seinen Blick über das Grabmal schweifen läßt. In der Mitte des Gedichtes stehen die Worte »Friedhof« und »tot«, denen der ungewöhnliche Zeilensprung zusätzlich Schwere und Endgültigkeit gibt. Der Hoffnung auf ein Leben nach dem Tode, in welcher Form auch immer, lassen sie keinen Raum.

Beständig erscheint allein der »Gotthardsockel«, gefertigt aus dem harten Urgestein schweizerischen Nationalbewußtseins, doch die Botschaft, die ihm eingemeißelt wurde, ist zur leeren Floskel verblaßt. Mißtraut der Dichter also seinem eigenem Medium, der Kraft des geschriebenen Wortes? Zumindest treibt Burger sein poetisches Spiel mit der Flüchtigkeit des Ruhms und der Wirkungslosigkeit pathetisch-beschwörender Rede, die er wiederum in kunstvollen Distichen beschreibt.

Wer aber die Aufregung vor Augen hat, mit der sich bis heute die Verleihung akademischer Titel verbindet, und wer auch nur einmal, womöglich durch unmittelbare Beteiligung, den immensen Aufwand erlebt hat, der mit der Besetzung von Lehrstühlen einhergeht, sollte Burgers Verse über die zerbröckelnde Doktorwürde mit tiefer Sympathie lesen. Jedem neu berufenen Professor, jeder frisch gekürten Professorin möchte man diese Erinnerung an die Begrenztheit akademischer Ehren auf die Ernennungsurkunde schreiben. Allerdings wußte auch Hermann Burger, daß sich das Alphabet der Vergänglichkeit, in dem das abgebrochene »p« einen gewichtigen Platz einnimmt, am leichtesten aus der Distanz ruhiger Betrachtung entziffern läßt.

DURS GRÜNBEIN
APRÈS L'AMOUR

Gleich nach dem Vögeln ist Liebe der bessere Stil.
Die Tierhaut entspannt sich, das Herz fängt sich ein.
Flacher Atem bläst Schweiß aus den Schlüsselbeinmulden.
Auf der Zunge zergangen, löschen Spermien den Durst
Auf den Nachwuchs. Die Achselhöhlen, den müden
Bauch,
Alles holt sich der Schlaf. Wie nach zuviel Theologie
Kehren die Laken sich um. Altes Dunkel am Rand,
Neue Ränder im Dunkel. Die Kniekehlen zwitschern
Zweistimmig stimmlos ihr Post-Coital, ein Rondeau.
Eben noch naß, richten die Härchen wie Fühler sich auf.
Betäubt, summa summarum gestillt, hört dieser Schmerz
Des Lebendigseins bis zur Erschöpfung auf wehzutun.
Zurück in der Zeit, sind die Körper an keinem Ziel.
Gleich nach der Liebe ist Vögeln der bessere Stil.

JOACHIM SARTORIUS
ÜBER DAS VÖGELN UND SEINE KONSEQUENZEN

Es gibt in unserem Leben so wenig Raum für ein Rondo. Doch wie die Körper nun einmal sind, können sie kaum etwas unerwidert lassen. Lippen kommen auf Lippen, Blut füllt die Kammern, Hände wandern, ein Drang, ein Schwung entsteht wie an einem Gängelband, an einer Doppelschlinge. Nach der Umklammerung ist wieder Raum für Schönes und Höheres, für die Liebe, bis das schöne, niedrige Spiel aufs neue beginnt. Das Gedicht von Durs Grünbein ist vielleicht die erste Endlosschleife in der erotischen Lyrik deutscher Zunge. Es kann weiter und weiter so fortgehen.

Das Post-Coital ist »ein Rondeau«. Das Gedicht nennt selbst seine Form, hervorgegangen aus dem Rondel, dem altfranzösischen Tanzlied, das – wie Grünbeins Gedicht – vierzehn Zeilen hatte. Allerdings waren für dieses ursprüngliche Rondeau in seiner Gänze nur zwei Reime erlaubt und die Wiederholung der Anfangsworte vorgeschrieben, so daß die Form den Text umarmte. Wie passend für ein erotisches Gedicht! Die siebte und achte Zeile von Grünbeins Rondeau bilden dessen exakte Mitte, das Scharnier der endlosen Schleife. Das irritierende »Altes Dunkel am Rand, / Neue Ränder im Dunkel« markiert den Punkt zwischen Entspannung und neuer Anspannung, zwischen Gelassenheit und Höhepunkt, zwischen spitzer Mitte und dunkler Ebene.

Durs Grünbein hat dieses Gedicht vor zehn Jahren in seinem zweiten Lyrikband »Schädelbasislektion« veröffentlicht. Der Ort, von dem der Dichter in jenen Gedichten ausging, war der Körper und sein Nervensystem. Er schrieb nach eigenem Bekunden an einer Ästhetik des Lebendigen »samt seiner Wundränder«. Die Lust, die äußerste Lust nimmt, wenn sie gelingt, ihren Weg am dunkelsten, hintersten Rand des Hirns entlang dieses mit Blüten besetzten, grauverkleideten zentralen Stengels und arbeitet sich in Spasmen vor bis zur Öffnung, die sich öffnet und schließt wie der Kiemen eines Fischs. Sechs, sieben Wellen von den Rändern her. Der Geist leert sich. Das Gesicht zerfällt. Doch ist die Lust flüchtig. So sehr der Körper durchforscht und zerrupft wurde, so sehr zieht er, der genossen hat, sich in seine verschwiegenen, geheimnisvollen Teile wieder zurück. Von all dem berichtet Grünbein, genauester Beobachter des physischen »Umfelds«. Es ist von Achselhöhlen, Kniekehlen, Bauchfalten die Rede, von flachem Atem, der »Schweiß aus den Schlüsselbeinmulden« bläst. Gefühle entstehen durch Wahrnehmungen, will der Dichter sagen, und durch Anstrengungen, bis diese im kleinen Tod, wie es die Franzosen nennen, konsumiert werden. Der Dichter beschreibt diesen Tod als Anästhisierung des »Schmerzes des Lebendigseins«, welcher summa summarum gestillt wird – für eine Weile. Der Dichter läßt zu, daß das Karussell die Fahrt verlangsamt, aber nur um wieder in schwindelerregende Fahrt zu geraten.

Von Lust zu berichten ist heikel. Gemeinhin wird sie mit einem »Außer-sich- und Außer-der-Welt-sein« umschrieben, also auch einem »Außer-der-Zeit-sein«. Doch die Körper, lesen wir bei Durs Grünbein, sind ziellos immer wieder »zurück in der Zeit«. In einem Essay über den wunderbaren, frühverstorbenen Eugen Gottlob Winkler rühmte Grünbein dessen »elenden Scharfsinn«. Er teilt diesen Scharfsinn und setzt ihn ein für dieses kleine, bissige, schonungslose Liebesgedicht, das alle Überhöhung abstreift, sich ansiedelt zwischen Aufbruchssehnsucht und Erstarrung. Wir, die Leser, können nicht anders als es bewundern, weil es schneidend ist, sarkastisch und lustvoll.

Anhang

QUELLENHINWEISE

ILSE AICHINGER 1921 in Wien geboren, lebt in Wien.
Winterantwort, S. 191. Aus: Ilse Aichinger, Verschenkter Rat. Gedichte. © Fischer Taschenbuch Verlag GmbH, Frankfurt am Main 1996.

ROSE AUSLÄNDER 1907 in Czernowitz geboren, 1988 in Düsseldorf gestorben.
Ein Märchen, S. 173. Aus: Rose Ausländer, Schweigen auf deine Lippen. Gedichte aus dem Nachlaß. Herausgegeben von Helmut Braun. © Fischer Taschenbuch Verlag GmbH, Frankfurt am Main 1994.

INGEBORG BACHMANN 1926 in Klagenfurt geboren, 1973 in Rom gestorben.
Was wahr ist, S. 195. Aus: Ingeborg Bachmann, Gesammelte Werke. Band 1: Gedichte. © Piper Verlag GmbH, München 1978.

JOHANNES R. BECHER 1891 in München geboren, 1958 in Berlin gestorben.
Stein-Gesicht, S. 123. Aus: Johannes R. Becher, Gesammelte Werke. Band 6. © Aufbau-Verlag Berlin und Weimar 1973.

GOTTFRIED BENN 1886 in Mansfeld geboren, 1956 in Berlin gestorben.
Saal der kreißenden Frauen, S. 99. Aus: Gottfried Benn, Sämtliche Gedichte. Klett-Cotta, Stuttgart 1998.

VOLKER BRAUN 1939 in Dresden geboren, lebt in Berlin.
Zu Brecht. Die Wahrheit einigt, S. 225. Aus: Volker Braun, Gedichte. © Suhrkamp Verlag Frankfurt am Main 1979.

BERTOLT BRECHT 1898 in Augsburg geboren, 1956 in Berlin gestorben.
Der Pflaumenbaum, S. 131. Über Goethes Gedicht »Der Gott und die Bajadere«, S. 135. Die Wahrheit einigt, S. 139. Die Rückkehr, S. 143. Das erste Sonett, S. 147. Der Bauch Laughtons, S. 151. Weihnachtslegende, S. 155. Aus: Bertolt Brecht, Die Gedichte. Zusammengestellt von Jan Knopf. © Suhrkamp Verlag Frankfurt am Main 2000.

CLEMENS BRENTANO 1778 in Ehrenbreitstein geboren, 1842 in Aschaffenburg gestorben.
Geheime Liebe, S. 41. Aus: Clemens Brentano, Gedichte. Herausgegeben von Hartwig Schultz. Verlag Philipp Reclam jun., Stuttgart 1995.

Hermann Burger 1942 in Burg/Schweiz geboren, 1989 in Brunegg/Schweiz gestorben.
Koriphäen und Koniferen, S. 229. Aus: Hermann Burger, Kirchberger Idyllen. © Fischer Taschenbuch Verlag GmbH, Frankfurt am Main 1980.

Richard Dehmel 1863 in Wendisch-Hermsdorf geboren, 1920 in Hamburg-Blankenese gestorben.
Manche Nacht, S. 83. Aus. Richard Dehmel, Gedichte. Herausgegeben von Jürgen Viering. Verlag Philipp Reclam jun., Stuttgart 1990.

Friedrich Dürrenmatt 1921 in Konolfingen bei Bern geboren, 1990 in Neuchâtel gestorben.
Kronenhalle, S. 185. Aus: Friedrich Dürrenmatt, Das Mögliche ist ungeheuer. Ausgewählte Gedichte. Copyright © 1993 by Diogenes Verlag AG Zürich.

Erich Fried 1921 in Wien geboren, 1988 in Baden-Baden gestorben.
Links rechts links rechts, S. 181. Aus: Erich Fried, Lebensschatten. Gedichte. © 1981 Verlag Klaus Wagenbach, Berlin.

Robert Gernhardt 1937 in Reval/Estland geboren, lebt in Frankfurt am Main.
Noch einmal: Mein Körper, S. 219. Aus: Robert Gernhardt, Reim und Zeit. Gedichte. Philipp Reclam Verlag, Stuttgart 1990. Alle Rechte vorbehalten S. Fischer Verlag GmbH, Frankfurt am Main.

Johann Wolfgang Goethe 1749 in Frankfurt am Main geboren, 1832 in Weimar gestorben.
Behandelt die Frauen mit Nachsicht! S. 29. Aus: Johann Wolfgang Goethe, West-östlicher Divan. Studienausgabe. Herausgegeben von Michael Knaupp. Verlag Philipp Reclam jun., Stuttgart 1999. Auf dem See, S. 33. Aus: Goethes Werke. Hamburger Ausgabe in 14 Bänden. Herausgegeben von Erich Trunz. Band I: Gedichte. 16. Auflage. Verlag C. H. Beck, München 1996.

Durs Grünbein 1962 in Dresden geboren, lebt in Berlin.
Après l'amour, S. 233. Aus: Durs Grünbein, Schädelbasislektion. © Suhrkamp Verlag Frankfurt am Main 1991.

Ferdinand Hardekopf 1876 in Varel/Oldenburg geboren, 1954 in Burghölzli/Zürich gestorben.
Angebinde, S. 91. Aus: Ferdinand Hardekopf, Gesammelte Dichtungen. Herausgegeben von Emmy Moor-Wittenbach. © 1963 by Verlags AG Die Arche, Zürich.

Walter Hasenclever 1890 in Aachen geboren, 1940 in Les Milles/ Frankreich gestorben.

Die Lagerfeuer an der Küste, S. 119. Aus: Walter Hasenclever, Sämtliche Werke. Band I.: Lyrik. Herausgegeben von Dieter Breuer und Bernd Witte. Bearbeitet von Annelie Zurhelle und Christoph Brauer. © Hase & Koehler Verlag, Mainz 1994.

Georg Heym 1887 in Hirschberg/Schlesien geboren, 1912 in Berlin gestorben.

Fröhlichkeit, S. 109. Aus: Georg Heym, Dichtungen und Schriften. Gesamtausgabe in 4 Bänden. Band 1: Lyrik. Bearbeitet von Karl L. Schneider und Gunter Martens. C.H. Beck Verlag, München 1964.

Marie Luise Kaschnitz 1901 in Karlsruhe geboren, 1974 in Rom gestorben.

Genazzano, S. 165. Aus: Marie Luise Kaschnitz, Gesammelte Werke in sieben Bänden. Herausgegeben von Christian Büttrich und Norbert Miller. Band V: Die Gedichte. Insel Verlag Frankfurt am Main 1985. © Iris Schnebel-Kaschnitz. Kleine Ballade, S. 169. Aus: Marie Luise Kaschnitz, Gesammelte Werke in sieben Bänden. Herausgegeben von Christian Büttrich und Norbert Miller. Band V: Die Gedichte. © Insel Verlag Frankfurt am Main 1985.

Erich Kästner 1899 in Dresden geboren, 1974 in München gestorben.

Das letzte Kapitel, S. 159. Aus: Erich Kästner, Seelisch verwendbar. 66 Gedichte, 16 Epigramme und 1 Prosaische Zwischenbemerkung. Ausgewählt von Teofila Reich-Ranicki. Mit einem Essay von Marcel Reich-Ranicki. Carl Hanser Verlag, München 1998. © Atrium Verlag, Zürich und Thomas Kästner.

Gottfried Keller 1819 in Zürich geboren, 1890 dort gestorben.

Die Zeit geht nicht, S. 73. Aus: Gottfried Keller, Sämtliche Werke. Band 1: Gedichte. Deutscher Klassiker Verlag, Frankfurt am Main 1995.

Justinus Kerner 1786 in Ludwigsburg geboren, 1862 in Weinsberg gestorben.

Ikarus, S. 45. Aus: Gedichte der Romantik. Herausgegeben von Wolfgang Frühwald. Verlag Philipp Reclam jun., Stuttgart 1999.

Sarah Kirsch 1935 in Limlingerode geboren, lebt in Tielenhemme.

Datum, S. 215. Aus: Sarah Kirsch, Werke in fünf Bänden. Band 1: Gedichte. © 1999 Deutsche Verlags-Anstalt GmbH, Stuttgart.

Friedrich Gottlieb Klopstock 1724 in Quedlinburg geboren, 1803 in Hamburg gestorben.

Mein Wäldchen, S. 19. Aus: Friedrich Gottlieb Klopstock, Messias. Gedichte, Abhandlungen. Herausgegeben von Uwe-K. Ketelsen. Rowohlt Verlag, Reinbek 1968.

CHRISTINE LAVANT 1915 in Groß-Edling/Kärnten geboren, 1973 in Wolfsberg/Kärnten gestorben.

Der Mond kniet auf, S. 177. Aus: Christine Lavant, Die Bettlerschale. Gedichte. © Otto Müller Verlag, Salzburg 1956.

GOTTHOLD EPHRAIM LESSING 1729 in Kamenz/Oberlausitz geboren, 1781 in Braunschweig gestorben.

Lied aus dem Spanischen, S. 25. Aus: Gotthold Ephraim Lessing, Sämtliche Gedichte. Herausgegeben von Gunter E. Grimm. Verlag Philipp Reclam jun., Stuttgart 1987.

WALTER MEHRING 1896 in Berlin geboren, 1981 in Zürich gestorben.

Denn: Aller Angang ist schwer, S. 127. Aus: Walter Mehring, Das große Ketzerbrevier. Die Kunst der lyrischen Fuge. Deutscher Taschenbuch Verlag, München 1975. Abdruck mit freundlicher Genehmigung des Claassen Verlags, München.

EDUARD MÖRIKE 1804 in Ludwigsburg geboren, 1875 in Stuttgart gestorben.

Maschinka, S. 55. An einem Wintermorgen, vor Sonnenaufgang, S. 59. Aus: Eduard Mörike, Die schönsten Gedichte. Insel Verlag Frankfurt am Main und Leipzig 1999.

HEINER MÜLLER 1929 in Eppendorf/Sachsen geboren, 1999 in Berlin gestorben.

Herz der Finsternis nach Joseph Conrad, S. 201. Aus: Heiner Müller, Werke. Band 1: Die Gedichte. Herausgegeben von Frank Hörnigk. © Suhrkamp Verlag Frankfurt am Main 1998.

WILHELM MÜLLER 1794 in Dessau geboren, 1827 dort gestorben.

Tränenregen, S. 49. Aus: Wilhelm Müller, Werke. Tagebücher. Briefe. Herausgegeben von Maria-Verena Leistner. Gatza Verlag, Berlin 1994.

FRIEDRICH NIETZSCHE 1844 in Röcken bei Lützen geboren, 1900 in Weimar gestorben.

Trost für Anfänger, S. 79. Aus: Friedrich Nietzsche, Gedichte. Nach den Erstdrucken 1878 bis 1908. Herausgegeben von Ralph Kray und Karl Riha unter Mitarbeit von Mario Leis. Insel Verlag Frankfurt am Main und Leipzig 1994.

NOVALIS 1772 in Gut Oberwiederstadt b. Mansfeld geboren, 1801 in Weißenfels gestorben.

Walzer, S. 37. Aus: Novalis, Werke, Tagebücher und Briefe Friedrich von Hardenbergs. Herausgegeben von Hans-Joachim Mähl und Richard Samuel. Carl Hanser Verlag, München 1978.

PETER RÜHMKORF 1929 in Dortmund geboren, lebt in Hamburg.
Hochseil, S. 207. Aus: Peter Rühmkorf, Walther von der Vogelweide, Klopstock und ich. Copyright © 1975 by Rowohlt Taschenbuch Verlag GmbH, Reinbek bei Hamburg.

KURT SCHWITTERS 1887 in Hannover geboren, 1948 in Ambleside/Westmoreland gestorben.
Basel, S. 103. Aus: Kurt Schwitters und die andere Schweiz. Unveröffentlichte Briefe aus dem Exil. Herausgegeben von Gerhard Schaub. Verlag Bostelmann und Siebenhaar, Berlin 1998.

ERNST STADLER 1883 in Colmar/Elsaß geboren, 1914 bei Zandvoorde b. Ypern gestorben.
Anrede, S. 95. Aus: Ernst Stadler, Dichtungen, Schriften, Briefe. Herausgegeben von Klaus Hurlebusch und Ludwig Schneider. Verlag C. H. Beck, München 1983.

THEODOR STORM 1817 in Husum/Schleswig geboren, 1888 in Hademarschen/Holstein gestorben.
Begegnung, S. 69. Aus: Theodor Storm, Sämtliche Werke in vier Bänden. Band 1: Gedichte. Novellen. 1848 bis 1867. Herausgegeben von Dieter Lohmeier. Deutscher Klassiker Verlag, Frankfurt am Main 1987.

KURT TUCHOLSKY 1890 in Berlin geboren, 1935 in Hindas bei Göteborg gestorben.
Danach, S. 113. Aus: Kurt Tucholsky, Gesammelte Werke. Copyright © 1960 by Rowohlt Verlag GmbH, Reinbek bei Hamburg.

RICHARD WAGNER 1813 in Leipzig geboren, 1883 in Venedig gestorben.
Ein rundes, ein schönes Gedicht, S. 65. Aus: Richard Wagner, Die Meistersinger von Nürnberg. Handlung in drei Aufzügen. Herausgegeben von Wilhelm Zentner. Verlag Philipp Reclam jun., Stuttgart 1988.

FRANK WEDEKIND 1864 in Hannover geboren, 1918 in München gestorben.
Xanthippe, S. 87. Aus: Frank Wedekind, Gesammelte Werke. Band 8. Georg Müller Verlag, München 1920.

ROR WOLF 1932 in Saalfeld/Thüringen geboren, lebt in Frankfurt am Main.
der vater spricht von dem franzos, S. 211. Aus: Ror Wolf, Aussichten

auf neue Erlebnisse. Moritaten, Balladen und andere Gedichte. © Frankfurter Verlagsanstalt, Frankfurt am Main 1996.

WOLFRAM VON ESCHENBACH um 1170 in Eschenbach b. Ansbach/Mittelfranken geboren, nach 1220 dort gestorben.
Den morgenblic bî wahtærs sange erkôs, S. 13. Aus: Minnesang. Herausgegeben, übersetzt und kommentiert von Helmut Brackert. S. Fischer Verlag GmbH, Frankfurt am Main 1983.

VERZEICHNIS DER INTERPRETEN

Thomas Anz geboren 1948 in Göttingen, ist Professor für Neuere Deutsche Literatur an der Universität Marburg. Er veröffentlichte unter anderem: »Literatur der Existenz im Expressionismus« (1977), »Gesund oder krank? Medizin, Moral und Ästhetik in der Gegenwartsliteratur« (1989), »Franz Kafka« (1989), »Es geht nicht um Christa Wolf« (1992), »Literatur und Lust« (1998) und »Literatur des Expressionismus« (2002).

Heinz Ludwig Arnold geboren 1940 in Essen, ist freiberuflicher Publizist in Göttingen und Honorarprofessor der Göttinger Universität. Er ist Herausgeber der Zeitschrift »Text + Kritik«, des »Kritischen Lexikons zur deutschsprachigen Gegenwartsliteratur« sowie des »Kritischen Lexikons zur fremdsprachigen Gegenwartsliteratur«. Er veröffentlichte unter anderem die elfbändige Anthologie »Die deutsche Literatur seit 1945« (1995 ff.).

Claus-Ulrich Bielefeld geboren 1947 in Bad Schwalbach, lebt in Berlin und arbeitet als Literaturredakteur beim Sender Freies Berlin. Er schreibt Literaturkritiken für diverse Zeitungen und Zeitschriften.

Dieter Borchmeyer geboren 1941 in Essen, ist Professor für neuere deutsche Literatur- und Theaterwissenschaft an der Universität Heidelberg. Er veröffentlichte unter anderem: »Höfische Gesellschaft und Französische Revolution bei Goethe« (1977), »Das Theater Richard Wagners« (1982), »Macht und Melancholie. Schillers Wallenstein« (1988), »Die Götter tanzen Cancan. Richard Wagners Liebesrevolten« (1992), »Weimarer Klassik. Portrait einer Epoche« (1994), »Des Grauens Süße. Annette von Droste-Hülshoff« (1997) und »Goethe der Zeitbürger« (1999).

Wolfgang Brenneisen geboren 1941 in Tilsit, lebt in Biberach. Er schreibt vor allem Satiren und Hörspiele.

Hans Christoph Buch geboren 1944 in Wetzlar, lebt in Berlin. Er veröffentlichte Romane, Erzählungen und Essays, unter anderem: »Unerhörte Begebenheiten« (1966), »Aus der neuen Welt« (1975), »Die Hochzeit von Port-au-Prince« (1984), »Haiti Chérie« (1990), »Rede des toten Kolumbus am Tag des Jüngsten Gerichts« (1992), »Der

Burgwart der Wartburg – Eine deutsche Geschichte« (1994) und »Kain und Abel in Afrika« (2001).

Peter Demetz geboren 1922 in Prag. Er ist emeritierter Professor für Germanistik und vergleichende Literaturwissenschaft an der Yale University in New Haven (USA). Hauptwerke: »René Rilkes Prager Jahre« (1953), »Marx, Engels und die Dichter« (1959), »Formen des Realismus – Theodor Fontane« (1964), »Die süße Anarchie« (1970), »Worte in Freiheit: Der italienische Futurismus und die deutsche literarische Avantgarde« (1990) und »Prag in Schwarz und Gold« (1998).

Eva Demski geboren 1944 in Regensburg, lebt in Frankfurt am Main. Sie veröffentlichte unter anderem die Essaybände »Unterwegs« (1988), »Käferchen und Apfel« (1989), »Land und Leute« (1994) und die Romane »Goldkind« (1979), »Karneval« (1981), »Scheintod« (1984), »Hotel Hölle, guten Tag...« (1987), »Afra« (1992), »Das Narrenhaus« (1997) und das Reisebuch »Mama Donau« (2001).

Heinrich Detering geboren 1959 in Neumünster, ist Professor für Neuere deutsche und nordische Literaturen an der Universität Kiel. Er veröffentlichte unter anderem: »Theodizee und Erzählverfahren: Wilhelm Raabe« (1990), »Das offene Geheimnis« (1994), »Grundzüge der Literaturwissenschaft« (1996) und »Dänisch-deutsche Doppelgänger« (2001).

Sabine Doering geboren 1961 in Celle, ist Professorin für Neuere deutsche Literaturwissenschaft an der Universität Oldenburg. Sie ist Mitherausgeberin des Kleist-Jahrbuches und veröffentlichte unter anderem: »Aber was ist diß? Formen und Funktionen der Frage in Hölderlins dichterischem Werk« (1992), »Repertorium der Verlagskorrespondenz Göschen (1783 bis 1828)« (1996), »Heinrich von Kleist. Literaturwissen für Schule und Studium« (1996) und »Die Schwestern des Doktor Faust. Eine Geschichte der weiblichen Faustgestalten« (2001).

Barbara Frischmuth geboren 1941 in Altaussee (Steiermark), lebt als freie Schriftstellerin in Altaussee. Sie veröffentlichte unter anderem die »Sternwieser Trilogie« (1986), die Romane »Über die Verhältnisse« (1988), »Einander Kind« (1990), »Die Schrift des Freundes« (1998) und »Die Entschlüsselung« (2001), den Erzählband »Hexenherz« (1994) sowie Theaterstücke, Hörspiele und Kinderbücher.

Rüdiger Görner geboren 1957 in Rottweil/Neckar, lebt in London. Er ist Professor für Neuere deutsche Literatur und Kulturgeschichte an der Aston University in Birmingham und seit 1999 Direktor des Institute of Germanic Studies der University of London. Er veröffentlichte unter anderem: »Das Tagebuch« (1986), »Mozarts Wagnis« (1991), »Badener Etüden« (1992), »Hölderlins Mitte« (1993), »Grenzgänger« (1995), »Die Kunst des Absurden« (1996), »Wortwege. Zugänge zur spätmodernen Literatur« (1997), »Nietzsches Kunst. Annäherungen an einen Denkartisten« (2000), » Literarische Betrachtungen zur Musik« (2001) und »Grenzen, Schwellen, Übergänge. Zur Poetik des Transitorischen« (2001).

Ulrich Greiner geboren 1945 in Offenbach/Main, lebt in Hamburg. Er war von 1970 bis 1980 Feuilletonredakteur der FAZ, wechselte danach zur Zeit, war von 1986 bis 1995 deren Feuilletonchef und ist seit 1998 Leiter des Ressorts Zeit-Literatur. Er veröffentlichte unter anderem den Band mit Porträts und Aufsätzen zur österreichischen Gegenwartsliteratur »Der Tod des Nachsommers« (1979), die Sammlung kulturkritischer Glossen und Essays »Der Stand der Dinge« (1987) und das Buch über Amerika und die amerikanische Literatur »Gelobtes Land« (1997).

Peter Härtling geboren 1933 in Chemnitz, lebt in Walldorf bei Frankfurt am Main. Er veröffentlichte Romane, Gedichte und Kinderbücher, unter anderem: »Niembsch oder Der Stillstand« (1964), »Janek« (1966), »Eine Frau« (1974), »Hölderlin« (1976), »Die dreifache Maria« (1982), »Das Windrad« (1983), »Waiblingers Auge« (1987), »Der Wanderer« (1988), »Die Gedichte 1953-1987« (1989), »Herzwand« (1990), »Schubert« (1992), »Bozena« (1994) und »Hoffmann oder Die vielfältige Liebe« (2001).

Ulla Hahn geboren 1946 im Sauerland, lebt als Schriftstellerin in Hamburg. Sie veröffentlichte die Gedichtbände »Herz über Kopf« (1981), »Spielende« (1983), »Freudenfeuer« (1985), »Unerhörte Nähe« (1988), »Liebesgedichte« (1993), »Epikurs Garten« (1995) und »Galileo und zwei Frauen« (1997) sowie die Romane »Ein Mann im Haus« (1991) und »Das verborgene Wort« (2001).

Ludwig Harig geboren 1927 in Sulzbach/Saarland, lebt dort. Er veröffentlichte unter anderem: »Die saarländische Freude« (1977), »Rousseau« (1978), »Der kleine Brixius« (1980), »Trierer Spaziergänge« (1983), »Ordnung ist das ganze Leben« (1986), »Weh dem, der aus der Reihe tanzt« (1990), »Die Hortensien der Frau von Roselius« (1992), »Der Uhrwerker von Glarus« (1993), »Wer mit den Wölfen heult, wird

Wolf« (1996), »Spaziergänge mit Flaubert« (1997), »Pelés Knie« (1999) und »Reise mit Yoshimi« (2000).

ECKHARD HEFTRICH geboren 1928 in Stockach/Baden, war bis zu seiner Emeritierung Professor für Neuere Deutsche Literatur und Vergleichende Literaturwissenschaft an der Universität Münster. Er veröffentlichte unter anderem: »Nietzsches Philosophie« (1962), »Stefan George« (1968), »Novalis« (1969), »Zauberbergmusik. Über Thomas Mann, Bd. 1« (1975), »Lessings Aufklärung« (1977), »Vom Verfall zur Apokalypse. Über Thomas Mann, Bd. 2« (1982), »Musil« (1986) sowie »Geträumte Taten – Über Thomas Mann, Bd. III« (1993) und »Nietzsches tragische Größe« (2000).

HENNING HESKE geboren 1960 in Düsseldorf, lebt in Dinslaken. Er veröffentlichte unter anderem Kinderbücher sowie die Gedichtbände »Eisbärensommer« (1986) und »Hafenreste« (1991).

WALTER HINCK geboren 1922 in Selsingen/Niedersachsen, ist Professor für Deutsche Literatur an der Universität Köln. Er veröffentlichte unter anderem: »Goethe Mann des Theaters« (1982), »Theater der Hoffnung« (1988), »Die Wunde Deutschland. Heinrich Heines Dichtung« (1990), »Magie und Tagtraum. Das Selbstbild des Dichters in der deutschen Lyrik« (1994), »Im Wechsel der Zeiten. Leben und Literatur« (Autobiographie, 1998), »Stationen der deutschen Lyrik« (2000) und »Literatur als Gegenspiel« (2001).

WALTER HINDERER geboren 1934 in Ulm, ist Professor für Neuere Deutsche Literatur an der Princeton-University/USA. Er veröffentlichte unter anderem: »Elemente der Literaturkritik« (1976), »Büchner-Kommentar zum dichterischen Werk« (1977), »Der Mensch in der Geschichte. Ein Versuch über Schillers ›Wallenstein‹« (1980), »Über deutsche Literatur und Rede« (1981) sowie »Arbeit an der Gegenwart« (1994), »Von der Idee des Menschen« (1998) und »Geschichte der deutschen Lyrik vom Mittelalter bis zur Gegenwart« (2001).

RUTH KLÜGER geboren 1931 in Wien, ist Literaturwissenschaftlerin an der University of California, Irvine (USA). Sie veröffentlichte unter anderem: »weiter leben. Eine Jugend« (1992), »Katastrophen. Über deutsche Literatur« (1994), »Von hoher und niedriger Literatur« (1996), »Frauen lesen anders. Essays« (1996) und »Still Alive: A Holocaust Girlhood Remembered« (2001).

MICHAEL KRÜGER geboren 1943 in Wittgendorf, lebt in München als Verlagsleiter und Herausgeber der Zeitschrift »Akzente«. Er veröffentlichte Lyrik und Essays, unter anderem: »Nekrologe« (1979), »Aus der Ebene« (1982), »Die Dronte« (1985), »Wieso ich? Eine deutsche Geschichte« (1987), »Das Ende des Romans. Eine Novelle« (1990), die Romane »Der Mann im Turm« (1991), »Himmelfarb« (1993) und »Die Cellospielerin« (2000) sowie die Gedichte »Nachts, unter Bäumen« (1996) und »Wettervorhersage« (1998).

Günter Kunert geboren 1929 in Berlin, lebt in Kaisborstel/Schleswig-Holstein. Hauptwerke: die Gedichtsammlungen »Erinnerungen an einen Planeten« (1963), »Unterwegs nach Utopia« (1977), »Abtötungsverfahren« (1980), »Berlin bei Zeiten« (1987) und »Mein Golem« (1996) sowie die Prosabände »Die Beerdigung findet in aller Stille statt« (1968), »Verspätete Monologe« (1981), »Im toten Winkel« (1992), »Baum Stein Beton« (1995), »Erwachsenenspiele« (1997) und »Nachrichten aus Ambivalencia« (2001).

Reinhard Lauer 1935 in Bad Frankenhausen geboren, ist seit 1969 Professor für slavische Philologie an der Universität Göttingen. Er veröffentlichte Studien zur russischen, serbischen, kroatischen und bulgarischen Literatur, darunter die Bücher »Heine in Serbien« (1961), »Gedichtform zwischen Schema und Verfall« (1975), »Europäischer Realismus« (1980), »Miroslav Krlela und der deutsche Expressionismus« (1984), »Geschichte der russischen Literatur« (2000) und »Die slavischen Literaturen heute« (2000).

Peter von Matt geboren 1937 in Luzern, ist Professor für Neuere Deutsche Literatur an der Universität Zürich. Er veröffentlichte Bücher über Grillparzer (1965) und E.T.A. Hoffmann (1971) sowie die Untersuchungen »Literaturwissenschaft und Psychoanalyse« (1972/2001), »...fertig ist das Angesicht« (1984), »Liebesverrat« (1989), »Das Schicksal der Phantasie« (1994), »Verkommene Söhne, mißratene Töchter« (1995), »Die verdächtige Pracht« (1998) und »Die tintenblauen Eidgenossen« (2001).

Norbert Mecklenburg geboren 1943 in Insterburg, lebt in Köln. Er ist Professor für Neuere deutsche Literatur an der Universität Köln. Er veröffentlichte unter anderem: »Kritisches Interpretieren« (1972), »Erzählte Provinz« (1986), »Die grünen Inseln« (1987), »Die Erzählkunst Uwe Johnsons« (1997) und »Theodor Fontane« (1998).

Helmuth Nürnberger geboren 1930 in Brüx/Böhmen, lehrte deutsche Literatur an der Bildungswissenschaftlichen Hochschule/Universität Flensburg und an der Universität Hamburg. Er ist Herausgeber der »Werke, Schriften und Briefe Theodor Fontanes« (1962-97) und veröffentlichte unter anderem die Monographien »Der frühe Fontane« (1967), »Joseph Roth« (1981) und »Fontanes Welt« (1997).

PETER RÜHMKORF geboren 1929 in Dortmund, lebt als Schriftsteller in Hamburg. Er veröffentlichte unter anderem die Gedichtbände »Haltbar bis Ende 1999« (1979), »agar agar zaurzaurim« (1985), »Selbstredend und selbstreimend« (1987), »Einmalig wie wir alle« (1989) »Lethe mit Schuß« (1998), »Wenn – aber dann. Vorletzte Gedichte« (1999), »Von mir, zu euch, für uns« (1999) und die Bücher »Die Jahre die Ihr kennt. Anfälle und Erinnerungen« (1999) sowie »Schachtelhalme. Schriften zur Poetik und Literatur« (2001).

DORIS RUNGE geboren 1943 in Mecklenburg, lebt als freie Schriftstellerin in Cismar/Ostholstein. Sie veröffentlichte unter anderem die Gedichtbände: »jagdlied« (1985), »kommt zeit« (1988), »wintergrün« (1991) und »grund genug« (1995), »trittfeste schatten« (2000) und den Essayband »Welch ein Weib. Mädchen- und Frauengestalten bei Thomas Mann« (1998).

JOACHIM SARTORIUS geboren 1946 in Fürth, lebt als Lyriker, Übersetzer und Publizist in Berlin und ist Intendant der Berliner Festspiele. Er veröffentlichte unter anderem die Gedichtbände »Sage ich zu wem« (1988), »Der Tisch wird kalt« (1992), »Keiner gefriert anders« (1996) und »In den Ägyptischen Filmen« (2000).

GERHARD SCHAUB geboren 1938 in Kassel, ist Professor für Neuere deutsche Literaturwissenschaft an der Universität Trier. Er veröffentlichte unter anderem: »Le Génie Enfant. Die Kategorie des Kindlichen bei Clemens Brentano« (1973), »Die schriftstellerischen Anfänge Georg Büchners unter dem Einfluß der Schulrhetorik« (1980), »Bürger und Idiot. Beiträge zu Werk und Wirkung eines Gesamtkünstlers« (1993), »Kurt Schwitters und die ›andere‹ Schweiz« (1998) und »Schwitters-Anekdoten« (1999).

WULF SEGEBRECHT geboren 1935 in Neuruppin, ist Professor für Neuere deutsche Literaturwissenschaft an der Universität Bamberg. Er veröffentlichte u. a.: »Das Gelegenheitsgedicht. Ein Beitrag zur Geschichte und Poetik der deutschen Lyrik« (1977), »Goethes Gedicht ›Über allen Gipfeln ist Ruh‹« (1978), »Der Bamberger Dichterkreis« (1985), »Poetische Grabschriften« (1987), »Heterogenität und Integration. Studien zu Leben, Werk und Wirkung E. T. A. Hoffmanns« (1996), »Fundbuch der Gedichtinterpretationen« (1997) und »Was sollen Germanisten lesen?« (2000).

Hubert Spiegel geboren 1962 in Essen, ist seit 1993 Feuilletonredakteur der »Frankfurter Allgemeinen Zeitung« und leitet seit 2001 das Ressort »Literatur und literarisches Leben«. Er veröffentlichte: »Welch ein Leben. Marcel Reich-Ranickis Erinnerungen« (2000).

Peter Wapnewski geboren 1922 in Kiel, ist emeritierter Professor der Germanistik und Gründungsrektor des Wissenschaftskollegs zu Berlin. Er veröffentlichte vor allem mediävistische Arbeiten und überdies »Richard Wagner. Die Szene und ihr Meister« (1978), »Der traurige Gott. Richard Wagner in seinen Helden« (1978/2002) sowie »Zumutungen; Essays zur Literatur des 20. Jahrhunderts« (1979). Außerdem »Zuschreibungen. Gesammelte Schriften« (1994), »Weißt Du wie das wird ...? Richard Wagner. Der Ring der Nibelungen« (1995) und »Tristan, der Held Richard Wagners« (2001).

Wolfgang Werth geboren 1937 in Rudolstadt/Thüringen, veröffentlichte kritische Arbeiten, Reportagen und Erzählungen in diversen Sammelbänden.

Georg Wöhrle geboren 1953 in Würzburg, ist Professor für Klassische Philologie an der Universität Trier. Er veröffentlichte unter anderem: »Studien zur Theorie der antiken Gesundheitslehre« (1998), »Telemachs Reise« (1999), »Geschichte der Mathematik und der Naturwissenschaften in der Antike« (1999) und »50 Griechische Gedichte« (2001).

Der Herausgeber:

Marcel Reich-Ranicki geboren 1920 in Wloclawek an der Weichsel, leitete von 1973 bis 1988 die Literatur-Redaktion der »Frankfurter Allgemeinen Zeitung«. Er veröffentlichte unter anderem: »Nachprüfung« (1977), »Thomas Mann und die Seinen« (1987), »Der doppelte Boden« (1992), »Die Anwälte der Literatur« (1994), »Martin Walser« (1994), »Vladimir Nabokov« (1995), »Ungeheuer oben. Über Bertolt Brecht« (1996), »Wolfgang Koeppen« (1996), »Der Fall Heine« (1997), »Mein Leben« (1999), »Vom Tag gefordert« (2001) und »Erst leben, dann spielen« (2002).

VERZEICHNIS DER IN DEN BÄNDEN 1-25 INTERPRETIERTEN GEDICHTE

Ein neues Haus, Bd. 12, S. 191 (Helmut Koopmann)
Vergnügungen, Bd. 12, S. 195 (Harald Weinrich)
Entdeckung an einer jungen Frau, Bd. 13, S. 207 (Joseph Anton Kruse)
Lied der Mutter über den Heldentod des Feiglings Wessowtschikow, Bd. 13, S. 211 (Reinhard Baumgart)
Die Krücken, Bd. 13, S. 215 (Rainer Kirsch)
Vom armen B.B., Bd. 14, S. 191 (Peter Demetz)
Über das Lehren ohne Schüler, Bd. 15, S. 159 (Günter Kunert)
Auf einen chinesischen Theewurzellöwen, Bd. 15, S. 163 (Wulf Segebrecht)
Der Rauch, Bd. 15, S. 167 (Gabriele Wohmann)
Fragen eines lesenden Arbeiters, Bd. 16, S. 133 (Jürgen Theobaldy)
Über Kleists Stück »Der Prinz von Homburg«, Bd. 16, S. 139 (Joachim Kaiser)
Der Radwechsel, Bd. 17, S. 165 (Gabriele Wohmann)
Vom ertrunkenen Mädchen, Bd. 17, S. 169 (Hans-Ulrich Treichel)
Die Pappel vom Karlsplatz, Bd. 17, S. 173 (Walter Hinck)
Deutschland, Du Blondes, Bleiches, Bd. 18, S. 153 (Hanspeter Brode)
Als ich nachher von dir ging, Bd. 18, S. 159 (Marcel Reich-Ranicki)
Über Schillers Gedicht »Die Bürgschaft«, Bd. 18, S. 163 (Helmut Koopmann)
Tannen, Bd. 18, S. 167 (Volker Bohn)
Großer Dankchoral, Bd. 19, S. 167 (Thomas Anz)
Morgens und abends zu lesen, Bd. 19, S. 173 (Klara Obermüller)
Auslassungen eines Märtyrers, Bd. 19, S. 177 (Robert Gernhardt)
Das dreizehnte Sonett, Bd. 20, S. 143 (Eckart Kleßmann)
Deutschland 1952, Bd. 21, S. 123 (Friedrich Dieckmann)
Der Blumengarten, Bd. 21, S. 127 (Carsten Gansel)
Apfelböck oder die Lilie auf dem Felde, Bd. 21, S. 133 (Ruth Klüger)
Schlechte Zeit für Lyrik, Bd. 21, S. 139 (Kurt Drawert)
Die Maske des Bösen, Bd. 22 S. 175 (Ludwig Harig)
An meine Landsleute, Bd. 22, S. 179 (Wolfgang Werth)
Von der Willfährigkeit der Natur, Bd. 23, S. 135 (Hans-Harald Müller)
Sonett, Bd. 23, S. 141 (Harald Hartung)
Ach, wie sollen wir die kleine Rose buchen?, Bd. 23, S. 145 (Gerhard Schulz)
Sieben Rosen hat der Strauch, Bd. 23, S. 149 (Sibylle Wirsing)
Zufluchtsstätte, Bd. 23, S. 153 (Walter Hinck)

Wer es könnte, Bd. 3, S. 207 (Walter Helmut Fritz)
Brennende Stadt (Beirut), Bd. 11, S. 191 (Erich Fried)
Köln, Bd. 12, S. 207 (Walter Hinck)
Linke Kopfhälfte, Bd. 12, S. 211 (Gertrud Fussenegger)
Tokaidoexpreß, Bd. 15, S. 199 (Helmut Koopmann)
Bitte, Bd. 16, S. 155 (Elisabeth Noelle-Neumann)
Rückzug, Bd. 21, S. 149 (Sebastian Kleinschmidt)
Alternative, Bd. 21, S. 153 (Hans Christian Kosler)

Felix Dörmann
Was ich liebe, Bd. 15, S. 121 (Ernst Jandl)

Ulrike Draesner
schnabelheim, Bd. 21, S. 237 (Hermann Kurzke)

Kurt Drawert
... zum deutschen Liedgut, Bd. 20, S. 231 (Günter Kunert)

Annette von Droste-Hülshoff
Im Grase, Bd. 4, S. 59 (Günter Blöcker)
Die Steppe, Bd. 4, S. 65 (Wolfgang Koeppen)
An meine Mutter, Bd. 6, S. 79 (Rolf Schneider)
Auf hohem Felsen lieg' ich hier, Bd. 11, S. 117 (Joseph Anton Kruse)
Locke nicht, Bd. 14, S. 109 (Wilhelm Gössmann)
Am Turme, Bd. 18, S. 59 (Ruth Klüger)
Das Spiegelbild, Bd. 20, S. 71 (Dieter Borchmeyer)
Die Taxuswand, Bd. 20, S. 77 (Ulla Hahn)
An ***, Bd. 21, S. 33 (Harald Hartung)
Guten Willens Ungeschick, Bd. 21, S. 37 (Jürgen Jacobs)

Friedrich Dürrenmatt
Siriusbegleiter, Bd. 18, S. 181 (Peter von Matt)
Kronenhalle; Bd. 25, S. 185 (Heinz Ludwig Arnold)

Marie von Ebner-Eschenbach
Ein stummer Vorwurf, Bd. 24, S. 61 (Helmuth Nürnberger)

Albert Ehrenstein
Du mußt zur Ruh, Bd. 12, S. 165 (Peter Engel)

Clemens Eich
Als ich dich umbrachte, Indianerbruder, Bd. 16, S. 225 (Ulrich Greiner)

Günter Eich
Zum Beispiel, Bd. 1, S. 165 (Hans Egon Holthusen)
Nachhut, Bd. 2, S. 191 (Dieter E. Zimmer)

Gedichte sind gemalte Fensterscheiben, Bd. 10, S. 39 (Horst Bienek)
Das Sonett, Bd. 10, S. 43 (Günter Kunert)
Lesebuch, Bd. 10, S. 47 (Walter Helmut Fritz)
Erlkönig, Bd. 10, S. 51 (Golo Mann)
Harfenspieler, Bd. 10, S. 57 (Kurt Klinger)
Der König in Thule, Bd. 10, S. 61 (Siegfried Lenz)
Mailied, Bd. 10, S. 67 (Hilde Spiel)
Dämmrung senkte sich von oben, Bd. 10, S. 73 (Ludwig Harig)
Der Bräutigam, Bd. 10, S. 77 (Adolf Muschg)
Aus den Gruben, hier im Graben, Bd. 10, S. 81 (Dolf Sternberger)
Im Gegenwärtigen Vergangnes, Bd. 10, S. 87 (Hans Robert Jauß)
Der Fischer, Bd. 10, S. 93 (Golo Mann)
Willkommen und Abschied, Bd. 10, S. 97 (Ernst Jandl)
Heidenröslein, Bd. 10, S. 103 (Peter von Matt)
Gegenwart, Bd. 10, S. 107 (Siegfried Unseld)
Mit einem gemalten Band, Bd. 11, S. 23 (Wolfgang Leppmann)
Ganymed, Bd. 11, S. 27 (Benno von Wiese)
Vor Gericht, Bd. 11, S. 33 (Walter Jens)
Wandrers Nachtlied, Bd. 11, S. 37 (Walter Jens)
Nachtgedanken, Bd. 11, S. 41 (Harald Hartung)
Mignon, Bd. 11, S. 45 (Peter von Matt)
Anakreons Grab, Bd. 11, S. 49 (Peter Horst Neumann)
Saget, Steine, mir an, Bd. 11, S. 53 (Ulla Hahn)
Zünde mir Licht an, Bd. 11, S. 57 (Gerhard Kaiser)
An Mignon, Bd. 11, S. 61 (Gerhard Schulz)
Nähe des Geliebten, Bd. 11, S. 67 (Eckhard Heftrich)
Abschied, Bd. 11, S. 71 (Gerhard Schulz)
Hatem, Suleika, Bd. 11, S. 75 (Gerhard Schulz)
An Ulrike von Levetzow, Bd. 11, S. 81 (Karl Otto Conrady)
Sag, was könnt uns Mandarinen, Bd. 11, S. 85 (Werner Ross)
Der Kuckuck wie die Nachtigall, Bd. 11, S. 89 (Peter Demetz)
Nicht mehr auf Seidenblatt, Bd. 11, S. 93 (Hilde Domin)
Wonne der Wehmut, Bd. 12, S. 31 (Robert Gernhardt)
Gesang der Geister über den Wassern, Bd. 12, S. 35 (Peter Härtling)
Der Park, Bd. 12, S. 41 (Elisabeth Borchers)
Eines ist mir verdrießlich, Bd. 12, S. 45 (Werner Fuld)
Was Völker sterbend hinterlassen, Bd. 12, S. 49 (Rolf Hochhuth)
Versunken, Bd. 12, S. 53 (Helmut Koopmann)